DAS ANDERE KOCHBUCH

DIE EDLEN PRODUKTE VON ZIEGE UND SCHAF
TIERHALTUNG, LANDSCHAFTSPFLEGE UND GENUSS

31.5.03

DAS ANDERE KOCHBUCH

DIE EDLEN PRODUKTE VON ZIEGE UND SCHAF
TIERHALTUNG, LANDSCHAFTSPFLEGE UND GENUSS

IMPRESSUM

Idee, Konzept und Koordination:
  Georg Adam
Layout, Gestaltung, Satz:
  Senner-Druck, Nürtingen
  Werbeagentur Adam & Partner GmbH,
  Oberboihingen
Reproduktion:
  DDS - Digital Data Service Lenhard,
  Stuttgart-Degerloch
Druck:
  Senner-Druck, Nürtingen
Buchbinderei:
  G. Lachenmaier, Realwerk,
  Reutlingen

Bildnachweis:

"Allgemeiner und Rechtsverständiger
Haus-Vatter" (1722)
Ebermann, Sambraus, Walter, Thume,
Lamprecht, v. Korn, Freilichtmuseum
Neuhausen ob Eck, foto-design m. bauer,
Baden-Baden, R. Schmidt, Adam, Binder,
H.P. Döler, Edele, U. Sixt, Currle,
Bildarchiv der Bezirksstelle für
Naturschutz u. Landschaftspflege
Stuttgart, Archiv Landesbildstelle
Württemberg.

food-design c. bauer, Baden-Baden

ISBN: 3-922 849-19-9

1. Auflage: 5 000 Exemplare, März 2001.

INHALT

Frau Ministerin Gerdi Staiblin
Ministerium Ländlicher Raum

Das vorliegende Kochbuch ist in seiner Themenzusammenstellung ein nicht alltägliches Werk.

Neben der Zubereitung von Speisen aus Produkten heimischer Ziegen und Schafe, widmet es sich der Kulturgeschichte und greift Fragen der Ernährungsphysiologie sowie der Zucht und Haltung dieser beiden Haustiere auf.

Neben dem Biologen und Ernährungswissenschaftler kommen der Gastronom und die Köchin zu Wort. Letztere zeigen eindrucksvoll, wie die Gerichte gut und schmackhaft zuzubereiten sind.
Ich hoffe, dass die Leserinnen und Leser vermehrt nach diesen Produkten greifen, damit auch die Ziegenhalter und Schäfer hiervon profitieren. Sie und ihre Tiere arbeiten mit an der Pflege und Erhaltung einer uns lieb gewordenen und jahrhundertealten Kulturlandschaft. Diese ist Lebensraum für uns und viele selten gewordene und zum Teil gefährdete Pflanzen- und Tierarten.

Mein Dank gilt den Initiatoren dieses Buches, Georg Adam und Winfried Bauer. Sie haben sich von der Wanderausstellung "Heiden-Felsen-Steinriegel" der Bezirksstelle für Naturschutz und Landschaftspflege Stuttgart zu diesem Projekt inspirieren lassen. Ihnen gelang es, die vom SWR-Fernsehen und von ihren zahlreichen Büchern her bekannten Kathrin Rüegg und Werner O. Feißt als Autoren zu gewinnen. Diesen, wie allen Autoren, gebührt Anerkennung dafür, dass es ihnen gelungen ist, ihr Fachwissen in verständlicher und lesenswerter Weise zu vermitteln.

Ich wünsche dem Buch viele interessierte Leserinnen und Leser, die dem Reiz erliegen, die Rezepte auszuprobieren und dafür mit besonderen Gaumenfreuden und Lebensfreude belohnt werden.

Gerdi Staiblin

WERNER O. FEISST

Von Geissen und Menschen

Pastore assivo con capretto sacrrificale, VIII s.a.C.

Archäologischer Fund aus dem heutigen Iran, ca. 7000 v. Chr.

Es ist Winter. Schnee bedeckt die Talsohle und die Hänge des Verzascatales, dort wo Kathrin Rüegg wohnt. Wenn die Strahlen der Sonne, die jetzt im Januar spät aufsteht, den Fluss erreichen, lässt Fabiano, der Geißenbauer, seine Tiere aus dem Stall. In einer langen Reihe gehen sie hinter ihm her zur Brücke und über den Fluss und am jenseitigen Ufer dann ein ganzes Stück flussaufwärts. "Cia,cia,cia", ruft Fabiano und der Geißenruf klingt wie aus einer uralten Zeit.

Und das kommt er wohl auch. Es ist 10 000 Jahre her oder noch länger, dass in den Bergen des Iran und im fruchtbaren Halbmond, in Palästina, Menschen Ziegen als Haustiere hielten. Für das 7. Jahrtausend vor Christus ist das archäologisch bezeugt. In der Schweiz stammen die ältesten Funde domestizierter Ziegen aus der Zeit um 5000 v. Chr.

Wildziegen lebten und leben in den Bergen Asiens, Nordafrikas und Europas und waren gewiss unseren Vorfahren, die damals, in der jüngeren Steinzeit, noch von der Jagd lebten, ein wichtiges Beutetier.
Es war ein bedeutender Schritt zur großen Revolution der Lebensumstände des Menschen, die aus Jägern Bauern machte, dass Menschen kleine Ziegen, deren Mütter sie gejagt hatten, nicht sofort töteten, sondern aufzogen. Die Bezoarziege, die wild auf Kreta und in den Bergen Palästinas lebt, gilt als Urmutter der Hausziege.
Und diese lange Zeit war die Ziege die Begleiterin des Menschen, nährte ihn mit ihrem Fleisch und ihrer Milch und kleidete ihn mit ihren Haaren und ihrem Fell.
An den Hängen des Himalaja leben die Kaschmirziegen, die feinste Wolle liefern. Und die Angoraziege liefert Mohair.
Aus Ziegenleder werden Schuhe gemacht, Jacken, Handschuhe, Brieftaschen, Geldbeutel, Bucheinbände: edles Leder eben für edle Produkte.

*Angoraziege -
das Garn ihrer Haare heißt Mohair*

Schwarz sind die meisten von Fabianos Geißen, schwarze Verzascageißen mit langen Hörnern, so dass man an die Vettern denken muss, die Steinböcke, die droben in den Felsregionen des Verzascatales leben und mit denen sich die Geißen, die im Sommer auf den Alpen freilaufen, wohl kreuzen. Nur die Hörner sind anders. Als die Ziegen Haustiere wurden, wurde aus dem ursprünglich mandelförmigen Querschnitt der Hörner ein Horn, das innen abgeplattet und konkav ist. Warum? Nur damit die Natur unter wilden und zahmen Tieren unterscheiden kann?
Niemand weiß es.

Es gibt zahlreiche Ziegenrassen auf der Welt. So wie es auf der ganzen Welt Ziegen gibt. Vor 100 Jahren lebten z.B. in der Schweiz 32 Rassen. Heute sind es im wesentlichen sieben, die bekanntesten die Saaner und die Toggenburger Ziege, und dann die Gebirgsziege, die gestreifte Bündnerziege und die Walliser Ziege mit dem schwarzen Hals, die Pfauenziege und die Stiefelgeiß. Und natürlich die schneeweiße Appenzeller Ziege.
Ein Appenzeller Alpaufzug kommt mir in den Sinn. Jene fast rituelle Veranstaltung mit uralten mystischen Zügen, bei dem die Appenzeller Bauern mit ihren Tieren, mit Kühen und Schweinen und eben Ziegen im frühen Jahr hinauf auf die Alp ziehen. Da wird der Zug angeführt von einem Geißenbuben, der mit seinen sieben, acht Jahren das Tempo des Zuges vorgibt. Und dann kommen die Geißen und das Geißenmädchen und dann die Sennen und die Kühe und der Wagen mit dem Geschirr zum Käsen. Der Bauer mit dem Hund macht den Schluss. Aber an der Spitze des Zuges da gehen die Geißen. Erinnerung daran, dass die Geiß vielleicht schon länger des Menschen Begleiter ist als die Kuh?

Aber da ist noch etwas anderes. Von der Ziege glaubt man, dass sie das Übel abwehrt und Krankheiten anzieht, weswegen man sie früher in die Zimmer kranker Kinder geführt hat. Man war sicher, dass durch die Ziegen die Krankheit vertrieben wird.
Weil sie sozusagen das Unheil der Krankheit auf sich nehmen. So wie ein Geißbock in Israel die Schuld des Volkes am Jom-Kippur-Fest durch Handauflegen vom Hohepriester übertragen bekam und dann hinausgejagt wurde zu Asasel, dem Dämon der Wüste: "Und Aaron soll einen Stier, sein Sündopfer darbringen . . . und danach zwei Böcke nehmen und vor den Herrn

§. 1.

Je Ziegen geben eine gute und gesunde Milch/ die dem Magen trefflich wol anstehet / und deswegen der Schaf- und Küh Milch vorzuziehen ist. Wie dann wider die Miltz-Sucht von etlichen Medicis dieses als ein bewährtes GegenMittel recommendiret wird:

Kommentar aus:
"Allgemeiner und Rechts-
verständiger Haus-Vatter"
aus dem Jahre 1722

stellen an der Tür der Stiftshütte und soll das Los werfen über die zwei Böcke: Ein Los dem Herrn und das andere dem Asasel und soll den Bock auf welchen das Los für den Herrn fällt, opfern zum Sündopfer. Aber den Bock, auf welchen das Los für Asasel fällt, soll er lebendig vor den Herrn stellen, dass er über ihm Sühne und ihn zu Asasel in die Wüste schicke." (Moses 3. 16, 6-10).
"Und wenn er die Entsühnung des Heiligtums vollbracht hat, der Stiftshütte und des Altars, so soll er den lebendigen Bock herzubringen. Dann soll Aaron seine beiden Hände auf dessen Kopf legen und über ihm bekennen alle Missetat der Kinder Israels und alle ihre Übertretungen, mit denen sie sich versündigt haben und soll sie dem Bock auf den Kopf legen und ihn durch einen Mann, der bereit steht, in die Wüste bringen lassen, dass also der Bock alle ihre Missetat auf sich nehme und in die Wüste trage; und man lasse ihn in der Wüste" (Moses 3,16, 20 - 22).
Und die geheimnisvolle Bundeslade , das Allerheiligste der Stiftshütte und des Tempels, der Sitz Gottes auf dieser Erde, soll mit einer kostbaren Decke aus Ziegenhaar bedeckt gewesen sein, denn es heißt: "Und alle Frauen, die diese Kunst

Bocks-Harn wird unter allen Thieren für den besten gehalten/ ein Becherlein also warm von dem Bock frühe getruncken/ treibet den Harn über alle massen/ zertreibet und führet aus den Stein in dem Menschen/etlichmal nacheinander gebrauchet.

Kommentar aus:
"Allgemeiner und Rechtsverständiger Haus-Vatter"
aus dem Jahre 1722

verstanden, spannen mit ihren Händen und brachten ihr Gespinnst, blauen und roten Purpur, Scharlach und feine Leinwand. Und alle Frauen, die solche Arbeit verstanden und willig dazu waren, spannen Ziegenhaare." (Moses 2, 35, 25 - 26).

Ziegen vertreiben nicht nur das Unheil, sondern sie bringen auch Glück und sie sind "gut fürs Vieh", weshalb man sie auch bei anderen Tieren im Stall hält und mit diesen auf der Alp weiden lässt.

Sie schützen auch vor Behexung und deshalb gehen sie wohl auch im Alpaufzug vor den Kühen um einen Schutz zu bilden gegen den bösen Blick von bösen, neidigen Menschen.
Allerdings sollte man einer Ziege, die einem unterwegs entgegenkommt, aus dem Weg gehen. Sonst kann es einem passieren, dass man das nicht erledigt, was man zu erledigen sich vorgenommen hat. Man will z.B. in einem Ladengeschäft etwas einkaufen, eine Geiß kommt einem auf dem Weg entgegen und schon bekommt man im Laden nicht das, was man eigentlich wollte.

Früher sagte man, werden die Ziegenfelle billig und der Ziegenkäse teuer, dann gibt es Krieg.

Rund 70 000 Ziegen gibt es heute in der Schweiz. Die meisten in den Kantonen Tessin, Bern und Graubünden.
Etwa 150 Tiere hat Fabiano, viel Arbeit, wenn er sie melken muss.
Aber vorläufig ist es noch nicht soweit. Zuerst müssen sie ihre Gitzi, ihre Zicklein, bekommen, dann erst werden sich ihre Euter füllen.
Ein paar Wochen vor Ostern hat Fabiano dann einen ganzen Geißenkindergarten abgezäunt vor dem großen Stall, wo die kleinen schwarzen Geißlein wie Teufelchen in der Sonne springen und spielen. Und werden doch auf Ostern mit einem Lastwagen zur Stadt gefahren, um als Braten auf dem Ostertisch zu enden. Natürlich nicht alle, ein Teil wird Fabiano behalten, um seine Herde zu verjüngen und wohl auch zu vergrössern.
Gleichwohl geht einem der frühe Tod der zauberhaften kleinen Tiere nahe und man beginnt Gedanken des Vegetarismus zu denken. Aber Geißen müssen Geißlein gebären, damit sie Milch geben. Und nicht alle Geißlein können Geißen werden. Denn wohin mit all den Geißen!
Die Schreckensvision eines Verzascatales voller Geißen steht vor meinen Augen und ich sehe Kathrins Rosenbüsche, die in diesem Frühjahr von den Geißen abgefressen worden sind und den wunderschönen 3 Meter hohen Tannenbaum, der am Aufgang zu Kathrins Haus stand. Er war

mit einem Drahtzaun umgeben, wegen der Geißen. Die sind einfach darauf gestiegen und haben ihn heruntergetreten.
Als Kathrin von einer Reise zurückkam, hatte ihr Baum keine Rinde mehr und kaum noch Zweige. Ein Baum ohne Rinde aber ist tot.
Auf Kreta übt die Bundeswehr im Rahmen der NATO auf dem Raketenschießplatz Akrotiri.
Weil es auf Kreta nicht viel Wald gibt und weil man nicht Tag und Nacht mit Raketen schießen kann, haben die Bundeswehrsoldaten in ihrer Freizeit begonnen, ein braches Gebiet aufzuforsten. Aber die dortigen Ziegen haben die frischgepflanzten kleinen Bäume sofort gefressen. Da haben die Soldaten einen Zaun um ihre Pflanzung gebaut. Wenige Tage später fanden sie den Zaun aufgeschnitten und die Bäumlein waren erneut mit Stumpf und Stiel aufgefressen. Es war der Geißenbauer, der seinen Tieren den Weg zum frischen Grün geöffnet hatte: "Meine Geißen haben das Recht zu fressen, wo sie wollen." Die Bundeswehr hat das Aufforsten aufgegeben. Wenigstens auf Kreta.

Es gibt so wenig Wald am Mittelmeer. Genaugenommen keinen. Und das geht weitgehend auf die Rechnung der Geißen. Natürlich, da war zunächst der Kahlschlag der Wälder, im Libanon z.B. für die verschiedensten Zwecke: Schiffsbau, zum

Gewinnen von Holzkohle für die Verhüttung der Erze, zur Herstellung von Pottasche für die Glasherstellung, ganz einfach für Brennholz.
Aber die Geißen haben verhindert, dass neuer Wald wachsen konnte. Die jungen Triebe junger Bäume schmecken ihnen so gut.

Haus-Ziege, *Capra hircus.*

Haus-Ziege,
nach einem alten Stich

Eine Ausnahme gibt es freilich: der heilige Berg Athos mit seinen 20 Klöstern, seinen Mönchshütten und Mönchsdörfern: Dort stehen prachtvolle alte Wälder. Sie blieben 1000 Jahre von der Axt verschont. Heute werden sie gefällt, weil die Klöster Geld brauchen und das Holz verkaufen. Aber das ist eine andere Geschichte. Jedenfalls wächst der Wald üppig nach. Wie er es wohl überall am Mittelmeer täte ohne Geißen.
Aber auf dem Athos gibt es keine: Die alte Regel des Berges verbietet allen weiblichen Lebewesen den Zutritt für alle Zeit. Das gilt auch für Geißen.
Natürlich kann man das Problem auch so sehen: die Geißen sind überaus genügsam, sie brauchen keine fetten Weiden, sie nähren sich von allem, was sich halbwegs noch fressen lässt. Im Schweizer Kanton Uri wird die Geschichte erzählt von

den Geißen, die bei der Verteilung der Weiden den Herrgott erzürnt hätten mit ihrem Geschrei " No meh, no meh!" Auf hochdeutsch: "Noch mehr". So haben sie vom Herrn keine spezielle Weide zugewiesen bekommen und müssen sich mit dem begnügen, was Rinder und Schafe nicht fressen an den steilsten Hängen, an rauhesten Kräutern und Blättern, an Rinde und Zweigen.
So waren sie bis in unsere Zeit auch die Kuh des armen Mannes, der keine Weiden besitzt. Typisch war die Geiß des Bahnwärters, die als Einzeltier am Bahndamm weidete.
"Wo aber der Fuss des Menschen kaum mehr einen Halt findet, da klettert noch die Ziege , die Genossin der Armen, umher, um sich ein frisches Kraut oder ein schmackhaftes Läublein zu holen."
(Berthold Auerbach)
Nach Bertelsmann Lexikon Ausgabe 1998 gab es 1993 fast 592 Millionen Ziegen auf der Welt (zum Vergleich: 687 Millionen Schafe, 1,28 Milliarden Rinder).
Die Hälfte der europäischen Ziegen lebt in Griechenland. Griechenland, das ist das Land der Ziegen. Ich denke an die kargen Gebirgslandschaften des Peloponnes, an die kreisrunden aus Dorngestrüpp mit Wellblechdach errichteten Pferche, wo die Tiere in der Nacht Schutz finden vor wilden Hunden, Wölfen, Dieben, wo sie gemolken werden und wo die Hirten Käse

bereiten. An die Herden die zwischen den Steinen nach einsamen Gräsern und Kräutern suchen und nur allzuoft an und auf der wenig befahrenen Straße stehen. Auch auf Kreta, droben in den Weißen Bergen. Und hier war in minoischen Texten schon vor 4000 Jahren von Ziegenherden und Ziegenhirten die Rede. Sie waren Bestandteil des Reichtums der Schönen und Reichen der kretischen Oberschicht, die in den prächtigen Palästen wohnten von Knossos und von Phaistos. (Tun wir mal so, als wäre der Verwendungszweck der Ruinen erwiesen!)

Der Reichtum an Ziegen der schönen Insel lebt auch im Mythos weiter: Bekanntlich wurde Zeus, der Göttervater, auf Kreta aufgezogen. Als Sohn der Rhea und des Chronos (Zeit) kam er als jüngstes von 6 Kindern auf die Welt. Aber Chronos, der Vater hatte die böse Eigenschaft seine Kinder zu verschlingen (das liegt in der Natur der Zeit!!!) und so wickelte Rhea aus Erfahrung klug geworden, einen Stein in die Windeln und ließ den von Vater Chronos fressen. Das kleine Zeusle aber brachte sie nach Kreta, wo sich zauberhafte Nymphen um den Knaben kümmerten und die Ernährung von der Ziege Amaltheia übernommen wurde. Aus den Hörnern von Amaltheia flossen Nektar und Ambrosia. Und als der kleine Zeus scheints besonders heftig an dem einen

Horn suggelte, brach es ab. Die Nymphen füllten es mit Früchten für das Kind und so entstand das berühmte "Füllhorn" das von Gaben der Erde überquillt. Amaltheia wurde aus Dankbarkeit von Zeus als Sternbild der Ziege am Himmel verewigt und das Füllhorn erbten die Nayaden, denen es jeden Wunsch erfüllt.

Auch der Göttin Athene, Tochter des Zeus, war ein Ziegenfell nicht zu gering als Bekleidung. Bei dem unter griechischen Göttinnen verbreiteten Sinn für das Attraktive hat sie dieses an sich sparsame Kleidungsstück sicher sehr wirkungsvoll um die Bestandteile ihrer Schönheit gewickelt. Schließlich war sie ja auch die Göttin der Weisheit.
Da kommt mir in den Sinn, dass bei einem Besuch in einem Hamam, was ein türkisches Bad ist, die Massage mit einem Ziegenhaarhandschuh der Gipfel der Schönheitspflege ist. Aber es ist natürlich unwahrscheinlich, dass ein türkisches Bad etwas mit einer griechischen Göttin zu tun hat. Auch dann nicht, wenn sie die Göttin der Weisheit ist. Und von dieser Weisheit haben bestimmt die Geißen etwas abbekommen.

Eines Tages stieg ich hinauf zum Monte Valdo. Das ist eine Alp, die über dem jenseitigen Ufer der Verzasca, von Kathrins Haus aus gesehen, liegt. Man hat da eine

Wegen ihrer erwähnten Bedeutung erscheint die Ziege oft auf Münzen des antiken Griechenlands und Roms

Dinastia della Licia, ca. 450 v. Chr.

Aenus, ca. 400 v. Chr.

Hausziege auf der Gebirgsweide - nach einem alten Stich

phantastische Sicht auf die Berge und man ist ganz allein. Dachte ich. Ich hatte in einer Tasche mein Skizzenbuch dabei, Zeichen- und Malutensilien, etwas zu essen und wohl auch ein Fläschlein Roten. Als ich am unteren Rand des Monte Valdo aus dem Wald kam, erschien eine Geiß, so eine kohlrabenschwarze riesige Verzascageiß. Sie steuerte zielstrebig auf mich zu, genauer gesagt auf meine Tasche, steckte ihren schlanken Kopf hinein und begann auszuräumen. Vorläufig nur das Papier meiner Weinflasche aber, sie würde gleich zu Wesentlicherem kommen. Ich riss die Tasche an mich, umklammerte sie wie

eine Frau, die um ihre Handtasche fürchtet in diebischer Gegend und dann standen sie vor mir, mindestens 10 Geißen, alle mit erwartungsvollem Blick. Und es war mir klar: Da gibts kein Durchkommen. Wahrscheinlich brachte ihnen ihr Besitzer immer in einer Tasche jene Leckerei mit, die Geißen das Liebste ist: Salz.
Also beschloss ich mich in den Schatten eines riesigen Felsblocks zu setzen und zu warten. Vielleicht, so dachte ich, verlieren die Viecher die Geduld. Ich setzte mich. Sie legten sich um mich herum. Nach einer halben Stunde waren sie tatsächlich ihrer Wege gegangen. Ich stand auf, um weiterzugehen, da waren sie mit einem Schlag wieder da. Wie hatten sie meinen Fluchtversuch bemerkt? Sie werden es nicht glauben, während alle anderen sich zurückzogen, blieb eine der schwarzen Tanten auf dem Steinblock über mir liegen und als ich aufstand hat sie die anderen offenbar wieder alarmiert. Geißen sind einfach gescheit, ganz im Gegensatz zu den Schafen, die ich für ausgesprochen dumm halte. Man muss sich da nur die Geschichte vom Wolf und den sieben Geißlein vor Augen halten, wie gescheit verhalten sich die Geißlein! Wie vernünftig ihre Mutter, der es gelingt, ihre Kinder zu retten und den bösen Wolf zu vernichten. In diesem Frühjahr vermisste Fabiano jeden Abend, wenn es für die Geißen Zeit war in den Stall zurückzukehren, einen

seiner schönsten Böcke. Lange musste er rufen bis der Bock erschien. Dann kam er ihm auf die Schliche: der Bock begab sich jeden Morgen, wenn Fabiano seine Geißen auf die öffentliche Weide trieb, in Kathrins Eselstall. Der war leer, weil Pierino und Kora, Kathrins Esel, schon vor den Geißen auf die Weide gegangen waren. Und da gab es Heu genug für den Bock und im übrigen verschlief er da den Tag, den seine Herdengenossen mit Suchen nach Futter verbringen mussten. Intelligenz der Geißen!

Da liegt wahrscheinlich auch der Grund, warum die Kirche von ihren Gläubigen gern als von Schafen und einer Schafsherde spricht, niemals von Ziegen und einer Ziegenherde. Obwohl es irgendwo heißt "denn wie die Ziege liebt Christus die hohen Berge, die Heiligen und Propheten". Im Hohelied Salomos des Alten Testamentes, das immer auf Christus und die Seele bezogen wird, heißt es: "Siehe mein Geliebter hüpft über die Berge, springt über die Hügel! Mein Geliebter gleicht einer Gazelle, gleicht einem Ziegenböcklein!"

Aber es hatte schon in der Antike begonnen: Da waren einerseits die Ziegen die anspruchslosen sorgenden Muttertiere, die mit ihrem Fleisch und mit dem Fleisch ihrer Kinder und mit ihrer Milch den Menschen selbstlos ernähren. Und da waren andererseits die Geißböcke, stin-kend und geil, deren Sinn nur auf das eine gerichtet ist. Für die Menschen der Antike war der Bock ein Ausdruck der Zeugungskraft und Gott Pan, Schutzgott der Herden und Hirten, Spender von Fruchtbarkeit wurde mit Bocksfüßen und Hörnern dargestellt. Und Gott Dyonisos, der Gott der Ekstase, wurde mit Bocksopfern geehrt.

Bei den Germanen zogen Ziegenböcke als Symbole der Lebenskraft den Wagen des mächtigen Gottes Donar. Er hat übrigens viel mit dem griechischen Zeus gemeinsam, was bei der Gemeinsamkeit zweier indogermanischer Völker gemeinsamen Ursprungs nicht verwundert.

Was bei Römern, Griechen und Germanen heilige Lebenskraft war, wurde im Christentum zum Ausdruck des Bösen, von Lüsternheit und Unzucht.

Die Ziege wird bald zum Sinnbild des Bösen und der Teufel - in Ziegengestalt - erscheint in der tragischen Hexenwelt

Als die Männer der Kirche bei der Missionierung der Germanen Donar zum Teufel machten, verteufelten sie auch gleich die Ziegenböcke. Das ging soweit, dass in manchen Sagen die Ziegen ganz generell als Geschöpfe des Teufels gelten. Die Frauen, die keine Schafe waren, sich nicht einordnen ließen in die Ordnung der Herde, wurden zu Hexen, die auf Geißböcken zur Walpurgisnacht ritten und mit dem Bösen, dem Gehörnten, dem mit den Bocksfüßen, Unzucht trieben.

In Graubünden wird die Geschichte erzählt von den beiden Burschen, die zwei Mädchen zu besuchen pflegten in ihrer Alphütte. Auf dem Heimweg mussten sie eine weite Matte überqueren und da standen jedesmal zwei Geißen, die sie nicht vorbei gehen lassen wollten. Da fragten die Burschen den Pfarrer, was diese Geißen wohl bedeuteten. Der Pfarrer sagte: "Das nächste Mal haltet die Geißen fest bis zum Betzeitläuten!" Das taten die zwei. Und beim ersten Ton der Glocke verwandelten sich die beiden Geißen in die Mädchen und die Burschen hielten sie an den Zöpfen. Es waren zwei Hexen. Man kann sich nur vorstellen welche böse Geschichte von versuchter Nötigung und Denunziation hinter dieser Sage steckt.

Kommentar aus:
"Allgemeiner und Rechts-
verständiger Haus-Vatter"
aus dem Jahre 1722

Im übrigen gibt dieses die Vernunfft / daß die für sich gesunde Ziegen-Milch noch besser und gesünder werden müsse/ wann man den Geissen gute Gesott gibt / und sie zu Zeiten mit guten Kräutern/ als da sind : Sauer-Ampffer/ Petersil/ Salve/ Ysopp/ Cicori/ Spargen und Dergleichen/ versiehet und füttert.

Es ist Abend im Verzascatal und der Geißenbauer kommt mit einem kleinen Lastwagen um die Geißen zu melken. "Cia, cia, cia" ruft er und die Geißen kommen von den Matten gelaufen, um sich melken zu lassen. Bereitwillig heben sie das Hinterbein, damit der Bauer gut an das Euter kommt. Es erfordert eine besondere Übung, um die Geißen zu melken, lerne ich.

Inzwischen ist eine Geiß auf die Fahrerbank des kleinen Lastwagens gestiegen und schaut dem Ganzen von dort aus zu. Nicht überall, wo Geißen gehalten werden, werden sie auch gemolken, wird ihre Milch und das, was man aus der Milch machen kann, genutzt. In einer ganzen Reihe von Ländern ist die Geiß nichts als Schlachtvieh. Wo aber ihre Milch gemolken wird und wo daraus Käse bereitet wird, da ist dieser Käse als Delikatesse gesucht.

Das Melken und die Verwendung der Milch als Nahrungsmittel müssen die Menschen schon früh gelernt haben. In jenen ältesten Texten, in denen von Ziegen die Rede ist, ist auch von Milch, von Käse und von Butter die Rede.

In einem der ältesten literarischen Zeugnisse, die es gibt, der Odyssee des Homer, gibt es eine ausführliche Schilderung des abendlichen Melkens und Herstellens von Käse:

Odysseus kommt im 9. Gesang in die Höhle des einäugigen Polyphem. "Wir kamen rasch zur Grotte. Der Polyphem war nicht da und nicht zu finden. Er war draußen auf der Weide mit seinen Tieren. In der Höhle schauten wir alles an, was es da gab. Da waren Regale mit Käse, Ställe mit Zicklein und Lämmern. Sie waren einzeln eingesperrt, alte, mittlere und jüngere.

Alle Gefäße, die in der Höhle standen, waren voll Molke. Es waren handgefertigte Gefäße, in die er die Tiere zu melken pflegte. Meine Gefährten sagten zu mir: wir sollten uns mit Käse versorgen und Geißen und Lämmer mitnehmen zum Schiff und so schnell wie möglich wieder wegsegeln. Doch ich wollte dies nicht, dabei wäre es wirklich von Vorteil gewesen. Nein, ich hatte mir in den Kopf gesetzt, den Mann zu sehen und mir Käse und Tiere als Gastschenk geben zu lassen. Nur, sein Kommen war für die Gefährten kein Glück.

Wir machten Feuer, nahmen uns vom Käse, aßen, tranken vom mitgebrachten Wein und warteten auf den Mann bis er von der Weide kam. Er hatte ein riesiges Bündel trockenes Holz dabei für den Abend und die Nacht. Er warf es krachend in eine Ecke. Wir verbargen uns. Dann trieb er seine Ziegen und Schafe in die Höhle, verschloss mit einem riesigen Felsblock den Eingang, dann setzte er sich hin und begann seine Schafe zu melken und seine Ziegen, ein Tier nach dem anderen. Dann ließ er die Lämmer und Zicklein aus ihren Verschlägen und ließ sie an den Müttern trinken.

Die Hälfte der Milch ließ er gerinnen, machte aus dem Käse Ballen und füllte sie in geflochtene Körbchen. Die andere Hälfte füllte er in Töpfe, um diese Milch als Nachtmahl zu trinken. Als er seine Arbeit beendet hatte, legte er Holz aufs Feuer, schaute in die Winkel und fragte: Fremde Leute, wer seid Ihr?"

Und so nimmt das Unheil seinen Lauf, das vielen Gefährten des Odysseus das Leben kosten wird.

Wenn man davon ausgeht, dass die Odyssee etwa in der zweiten Hälfte des 8. Jahrhunderts aufgeschrieben wurde und außerdem davon ausgeht, dass der Text wohl vorher ganz oder in Teilen als Lied überliefert wurde, weitergegeben von Sänger zu Sänger, dann hat man in der Tat einen 3000 Jahre alten Bericht über das Herstellen von Ziegen- und Schafskäse vor sich und kann unschwer feststellen, dass sich an der Technik seither aber auch nichts geändert hat.

Etwas hat Homer allerdings nicht gesagt, nämlich womit Polyphem die Milch zum Gerinnen brachte, was der entscheidende Schritt beim Käsemachen ist.

Wegen ihrer wirtschaftlichen Bedeutung galt die Ziege in der Antike als glückbringend und wurde als Symbol der Fruchtbarkeit und des Wohlergehens zwischen Götter und Menschen gestellt.

Dies geschieht traditionell durch Zugabe von Lab zur Milch. Lab ist ein Stoff aus dem Magen der Kälber, der Milch gerinnen lässt , Vorbedingung für das Kalb, um die Milch verdauen zu können.

Hat Polyphem Lab zur Verfügung? Der römische Schriftsteller Columella rät, Lab im Gewicht eines Silberdinars in 4 l Milch zu geben. Die Milch wird erwärmt und wenn sie geronnen ist, in einem Weidenkorb gefiltert. Der so entstandene Käse wird geformt und gepreßt und dann in Salzwasser eingelegt, um ihn zu härten.

Wie aber war das bei Polyphem und seinen Kollegen, die ja zwar Ziegen und Schafe hatten, aber keine Kälber? Plinius der uns ein großes naturkundliches Werk hinterlassen hat, schildert eine weitere Methode Milch gerinnen zu machen: "Man bringt Milch, vor allem Ziegenmilch, in einem neuen irdenen Gefäß zum Kochen und rührt sie mit frischen Feigenzweigen um, nachdem man ebenso viele 'Cyathi' Met beigefügt hat, wie es 'Heminae' Milch sind. Ist sie dann vom Feuer genommen, trennt sie sich beim Abkühlen und die Molke scheidet sich vom Käse ab."

Eine Heminae waren 1,3645 Liter, ein Cyathus 45,5 ml.

Plancius,
ca. 54 v. Chr.

Plinius schreibt über die Milch der Ziege, sie sei die allerbekömmlichste. "Am meisten aber nährt die menschliche Milch. Hierauf folgt die der Ziege; daher stammt vielleicht die Sage, dass Jupiter auf diese Weise genährt wurde. Am süßesten nach der Frauenmilch ist die Kamelmilch, am wirksamsten die Eselsmilch. Für den Magen ist am zuträglichsten die Milch der Ziegen, weil sich diese mehr vom Laub als vom Grase ernähren. Die Kuhmilch ist würziger. Die Schafmilch süßer und nahrhafter, für den Magen aber weniger gut, weil sie zu fett ist."

Als weiteres Mittel zum Gerinnen der Milch nennt Plinius den Zusatz von Sauermilch zu frischer Milch. Aber nicht nur Käse hat man früh aus Ziegenmilch hergestellt, sondern ebenso Butter. Plinius schreibt: "Aus der Milch wird auch die Butter gewonnen, die feinste Nahrung der barbarischen Völker, welche die Reichen unter dem Volke unterscheidet. Meist wird sie aus Kuhmilch hergestellt . Die fetteste aus Schafmilch. Man bereitet sie aber auch aus Ziegenmilch."

Dann schildert er die Methode der Butterherstellung: "Im Winter erwärmt man die Milch, im Sommer presst man sie aus, indem man sie häufig in langen Gefäßen schüttelt, die an einer schmalen Öffnung am sonst verschlossenen Deckel Luft zulassen. Man fügt ein wenig Wasser hinzu, damit sie sauer wird. Was am meisten geronnen ist, schwimmt oben auf. Dies nimmt man heraus und versetzt es mit Salz. Das übrige kocht man in Töpfen. Was dabei obenauf schwimmt ist Butter von öliger Beschaffenheit. Je schärfer sie schmeckt, für desto vorzüglicher wird sie gehalten."

Leider gibt es keinerlei Hinweise aus der Antike auf die verschiedenen Käsesorten, weder den Käse aus Kuhmilch, noch aus Schafs- oder Ziegenmilch. Aber man möchte gern annehmen, dass die Form des Feta für Schafs- und Ziegenkäse uralt ist und vielleicht auch ein Hartkäse wie Pecorino früh hergestellt wurde, der gelagert werden konnte und so der Vorratshaltung diente und der mitgenommen werden konnte auf langen Märschen und Seefahrten.

Besser sind wir informiert über die Art wie man Zicklein im alten Rom gegessen hat. Schon damals war das Fleisch der jungen Ziege eine besondere Delikatesse. Hier das Rezept, das uns Marcus Garvius Apicius, geboren etwa 25 n.Chr. in seinem erhalten gebliebenen Kochbuch angibt:

Aus 2 ½ Tassen Milch, ½ Tasse Honig, 1 EL Pfeffer, Salz, 5 Tropfen Asafötita-Tinktur stellt man eine Marinade her. In diese Marinade gibt man über Nacht das Schulterstück eines Zicklein. Gleichzeitig werden 8 getrocknete, zerdrückte Datteln in ¼ l Rotwein ebenfalls über Nacht eingeweicht. Am nächsten Tag wird das Fleisch aus der Marinade genommen und trocken getupft, dann kräftig mit Salz und Pfeffer gewürzt in Olivenöl gebraten (20 Minuten je Pfund plus weitere 20 Minuten). Wenn der Braten nahezu gar ist, die Datteln zerstoßen und zu dem übrigen Rotwein geben, 2 EL klaren Honig, 4 EL Liquamen (spezielle Fischsauce) und 4 EL Olivenöl ebenfalls beifügen, zum Kochen bringen und diese Sauce mit etwas Stärkemehl andicken. Den fertigen Braten 10 Minuten ruhen lassen, in dicke Scheiben schneiden und mit etwas Sauce servieren. Dieses Rezept ist das Produkt der Kochversuche, die zwei englische Autoren auf der Basis eines Originalrezeptes von Apicius rekonstruiert haben. In diesem Rezept befinden sich zwei im Grunde geheimnisvolle Zutaten, von denen das eine Liquamen heißt, dies war eine Sauce, deren Herstellung im Alten Rom eine ganze Industrie beschäftigte. Allerdings hat der Herstellungsprozeß dieses Liquamen so fürchterlich gerochen, dass er in der Nähe von Wohnungen nicht stattfinden durfte. Das Ausgangsmaterial für Liquamen waren nämlich verdorbene Fische.

Augustus,
24 v. Chr - 14 n. Chr.

Die zweite fragliche Zutat heißt im Originalrezept "Laser". Dies war offenbar ein Gewürz, das vielleicht mit dem fast vergessenen Asafötita (Teufelsdreck) unserer Apotheken identisch war. Asafötita besorgt Ihnen vielleicht ein freundlicher Apotheker (Vorsicht! Es stinkt fürchterlich). Wie man mit dem Liquamen verfahren sollte, dafür gibt die Artemis-Ausgabe von 1973 des Apiciuskochbuchs eine Anregung. Man kann Liquamen herstellen aus starker Salzlake, in die man Sardellen gibt und Oregano, sie solange kocht, bis alle Flüssigkeit eingekocht ist. Das, was dann übrig ist, muss mit Traubensaft aufgefüllt werden, den man davor bis auf die Hälfte eingedickt hat. Ich nehme an, dass das Produkt einfach salzig schmeckt mit einem leichten Gout von Fisch. Dies ist wohl auch der Grund, warum die Autorin empfiehlt, Liquamen ganz einfach durch Salz zu ersetzen.

dass sich bei Apicius kein Rezept findet für das Fleisch einer ausgewachsenen Ziege, hat wahrscheinlich seinen Grund darin, dass die Apicius-Rezepte für das Essen der feinen Leute bestimmt war.

Der jungen Ziegen Häutlein dienen zu Nesteln/Beu-teln/Säcklein/starcken Gürteln und linden Handschu-hen. Der Mist aus ihren Ställen/gibt den Feldern ei-ne ersprießliche Dung. Nichts nun zu sagen/von dem anmuthigen Fleisch der geschnittenen Böcke/und der jun-gen Kitzlein/welches man warhafftig für wolgeschmack muß passiren lassen.

Kommentar aus:
"Allgemeiner und Rechts-
verständiger Haus-Vatter"
aus dem Jahre 1722

Und die haben das zähe Fleisch der erwachsenen Ziegen mit seinem ausgesprochenen Gout wohl nicht gegessen. Da ist es ihnen gegangen wie uns. Es sei denn, man bereitet das Geißenfleisch (nach Kathrin Rüeggs Rezept) wie "Gemse" zu, legt es in eine Marinade ein und verfährt dann entsprechend weiter. Schon merkt man nichts und ißt genüsslich Gemspfeffer mit Nudeln , was gut schmeckt.!!
Und nicht nur gut schmeckt, denn die Hl. Hildegard lobt das Geißenfleisch sehr. Es sei öfter genossen eine rechte Kräftigung des Magens. Dabei gibt sie dem Fleisch junger Böcklein den Vorzug. Sie empfiehlt auch Ziegenmilch. Sie sei gut bei Lungenleiden und Hauterkrankungen.

Es wird Nacht im Verzascatal. Ich denke an einen Abend im November. Es war kalt geworden und ein leichter Regen war in Schneefall übergegangen. In Cortaccio dem kleinen Weiler ein Steinwurf Fluss-aufwärts von Kathrins Haus hatte Thomas der Dorfbäcker den alten Backofen angeheizt um Brot zu backen. Flackernd fiel das rote und gelbe Licht aus der Backofenhölle auf den Bäcker Thomas, den schmalen Sentiero, die alten Steinhäuser. Und dann kamen Fabianos Geißen von der Alp, der Wettersturz hatte Fabiano gemahnt, sie in den heimischen Stall zu holen. Denn der Winter war da. Sie kamen am Ofen vorbei, schwarz, gehörnt, mit spitzen Bärten. Das Staccato der Geißenfüße, die Glocken. Im Gegenlicht des Feuers glichen sie Teufel. Ein gespenstischer Zug jenseitiger Dämonen.

Ist diese dämonische Seite der Geißen daran schuld, dass sie in der Volksmedizin eine so große Rolle spielten und wohl da und dort z.B. in Tirol noch spielen?

Fleisch, Fell, Kopf, die Eingeweide und natürlich Milch und Käse und Butter, ja sogar die Exkremente gelten als Heilmittel für die verschiedensten Krankheiten.

Hier einige Beispiele aus dem "Arzneimittelbuch Geiß":

Geißenfleisch mit altem Speck und gestoßenem Ingwer zusammen gesotten und nüchtern genossen, bewirkt bei Frauen den Eintritt der verspäteten Menstruation.

Ein Absud von einem Geißenkopf, der mit samt seinem Fell gekocht wird, heilt Eingeweide-Verletzungen, z.B. Leistenbruch.

Frisch aufgelegtes Fell heilt Furunkel und Wunden, sowie die Gelbsucht bei Frauen, die das Fell einen Tag und eine Nacht um sich geschlungen haben müssen.

Kocht man ein Stück Fell in Essigwasser, so stillt es Nasenbluten, wenn man es auflegt.

Ein Ziegenhorn, das man einem Menschen ohne sein Wissen unter sein Kopfkissen legt, spendet dem Schlaflosen Schlaf.

Die Asche von verbrannten Geißenklauen mit Schwefel und starkem Essig angemacht, vertreibt den Kopfgrind, ja sogar den Aussatz, den Krebs und den Lupus.

Will man, dass eine Frau mit Sicherheit ein Kind empfängt, so muss man ein Geißenhaar in Eselsmilch tauchen und ihr vor dem Beischlaf auf den Nabel legen. Dann, so heißt es, "ist die Empfängnis sicher".

Die Asche aus dem Hüftknochen der Geißen ist ein erprobtes Zahnpulver.

Geißenblut gilt als schweißtreibendes, abführendes und lösendes Mittel, vor allem bei Brustfellentzündung und Harnzwang.

Geißengalle, die man auflegt, heilt Krebsschäden, stärkt die Augen, behebt Schwachsichtigkeit. Auf den Nabel gelegt, treibt sie die Würmer heraus.

Die Geißenleber wirkt gegen Wassersucht und zwar, wenn man aus der Leber und

Taubenmist eine Lauge herstellt und öfters den Leib damit einreibt.

Die Geißenlunge hilft möglichst frisch auf den Hals aufgelegt gegen Tobsucht.

Die Milz gegen Milzschwellung. Man legt die Milz auf die Milz des Kranken und lässt sie dann in der Sonne trocknen. Im gleichen Maße wie die Geißenmilz eintrocknet, nimmt die Schwellung der Milz des Kranken ab.

Gegen Wassersucht lässt man Geißenfett und Geißennieren "stinkig" werden und legt sie auf den Bauch. Das vertreibt die Feuchtigkeit.

Geißenunschlitt (Eingeweidefett), das man 8 Tage in Essig legt, ist eine gute Salbe gegen Wunden an Händen und Füßen sowie gegen Risse und Wundsein an den Brustwarzen der Frauen.

In Milch gesotten und getrunken, beruhigt es einen Durchfall. In der Suppe gekocht, heilt es einen Darmkatarrh.
Mit Wachs hilft es bei umsichfressenden Geschwüren.

Geißenmilch ist seit alter Zeit als Heilmittel geschätzt; vor allem die Milch roter Ziegen ist ein Mittel gegen alle Krankheiten. Hat nicht schon Plinius darauf hin-

gewiesen, dass diese Milch gesünder sei, weil die Ziegen mehr Blätter fressen als Gras. Sie enthält weniger Kasein als die Kuhmilch und ist daher auch weniger verschleimend, was besonders bei Lungenkranken und bei Menschen mit Darmkatarrh nicht unwichtig ist.

Als besonders wirksam gilt Ziegenmilch, der man eine gewisse Menge Brunnenkresse beigefügt und sie für 72 Stunden 1 1/2 Schuh tief in einem Krug eingegraben hat. Man trinkt morgens und abends davon.

Auch der Zusatz von Rosenessig oder Zitrone, durch den sie gerinnt, verstärkt ihre Heilkraft. Man muss morgens früh, nüchtern 20 Tage lang 1/2 Maß davon trinken und dann spazierengehen.

Babys, die am "Abnehmen" leiden, gibt man etwa 14 Tage morgens früh nüchtern geißenwarme Milch zu trinken und badet sie morgens und mittags je 1 Stunde in Geißenmilch.

Ein Absud von Ziegenmilch mit Essig hilft gegen Bandwürmer, mit Wermut gegen Gicht, mit Hanf heilt sie eitrige Geschwüre im Leib.

Man trinkt Ziegenmilch gegen Halsleiden und gurgelt damit bei Halsweh.

Geißenbutter und Geißenkäse sind ebenfalls Heilmittel, von denen die Geißenbutter sich nach meiner eigenen Erfahrung bei Muskel- und Gelenkschmerzen durchaus bewährt.
Die alte "Dreckapotheke" empfahl Kuhmist in Geißenbutter zu rösten und auf die gichtschmerzende Stelle aufzulegen.

Gegen Schwindsucht verwendete man eine Salbe aus 6 Lot Geißenbutter, 12 Lot in Asche gebrannten Zwiebeln, Gänsefett, 4 Lot weißes Olivenöl, 1 Lot Safran und ½ Lot venedische Seife.

Das Trinken von Geißenurin hilft gegen Wassersucht.
Die Geißenblase zu Pulver verbrannt und dem Kind vor dem Schlafengehen eingegeben, heilt das Bettnässen.

Das Bettnässen behebt ebenfalls ein Sirup aus Geißbohnen, Zucker, 2 EL Essig und Wasser. Er soll aufs Brot gestrichen und dem Kind 3 Tage hintereinander vor dem Schlafengehen eingegeben werden.

Eine Einreibung mit 7 Geißbohnen in Essig, vertreibt den Kopfschmerz und selbst das Halsband einer Geiß hilft, wenn man es Kindern umbindet, gegen Krämpfe und gegen Ziegenpeter.

Wenn ein Mann sich so sehr in eine Frau verliebt hat, dass er mit keiner anderen mehr zu tun haben will, muss er sich mit Bocksblut einschmieren, damit sein Herz wieder frei wird.

Schmiert ein Mann seinen Penis mit einer Salbe aus Fett und Bocksgalle ein, dann wird die Frau mit der er schläft, keinen anderen Mann jemals wieder begehren.

Man muss einen Bock, der mindestens 4 Jahre alt ist, vier Wochen lang mit Kerbel, Fenchelkraut, Petersilie, Eppichkraut, Pappeln, Eibisch, Andorn, Haselwurz, Biebernellenkraut und ähnlichen Kräutern, die den "Stein brechen" füttern, dann wird der Bock auf Michaeli geschlachtet und sein Herzblut wird getrocknet. Zwei Messerspitzen davon werden in Branntwein eingenommen und helfen gegen Gallen und Blasenstein, Schwindsucht, mit Schafsdreck in Essig eingenommen heilt das Pulver frische Wunden und Brustfellentzündung.

Die Bocksgalle wird als Augenheilmittel verwendet.

Man bekämpft Feigwarzen damit, beseitigt Hautflecken und unerwünschte Haare.

Mit Galle getränkte Wolle, auf den Nabel gelegt, vertreibt die Würmer.

Galle und Bocksunschlitt auf den Kopf geschmiert heilt hartnäckige Kopfschmerzen.

Bockstalg mit anderen Fetten hilft bei geschwollenem Zahnfleisch und aufgesprungenen Lippen.

Um den Nabel geschmiert behebt es Bettnässen. Und vertreibt Warzen.

Bocksharn ins Ohr geträufelt beseitigt Ohrensausen.

15 Kügelchen Bockskot vertreiben die Fallsucht und helfen bei Inkontinenz.

Übrigens: eine Schwangere darf kein Bocksfleisch essen, sonst wird ihr Kind geil.

Und wer will das schon, bei aller Liebe zu den Geißen.

Fabiano hat seine Geißen gemolken. Die Milch ist jetzt in den großen Kannen. Morgen wird er Käse daraus machen, eine Delikatesse, deren Verkauf ihn auch unter den verschärften Bedingungen der EU-Konkurrenz überleben lässt.
Dabei war die Geißenmilch im Tessin vor einer Generation noch das Grundnahrungsmittel. Geißenmilch mit einer Schnitte Polenta, das war das Frühstück und Geißenmilch und eine Schnitte Polenta, das war das Abendessen . Davon haben sie gelebt, die armen Bewohner der Täler, in denen es mehr Steine gab als Äcker. Und Brot, das war Festtagsessen. Der Kuchen für den ganz hohen Feiertag wurde aus trockenem Brot zubereitet, eingeweicht in Geißenmilch mit ein bißchen Zucker und ein paar getrockneten Früchten.

Um über den Winter zu kommen brauchte man einen Sack Maisgrieß für Polenta.
Einen Sack trockene Kastanien.
Und wenigstens eine Geiß.

Als der große Schöpfergott die Rinder und die Schafe erschaffen hatte, sagte der Engel zu ihm: "Denk auch an die armen Leute!"
Da schuf Gott die Geiß!

Nach einem alten Stich

WERNER O. FEISST
CURRICULUM VITAE

Geboren am 08. Juli 1929
Verheiratet, 2 Töchter
Vater: Buchdruckermeister
Mutter: Bergbauerntochter aus dem
Hexental

Humanistisches Gymnasium, Abitur
Pädagogische Akademie, Lörrach
1. und 2. Dienstprüfung für Lehrer
Lehrer an Volksschulen in Freiburg,
St. Georgen, Schelingen
und Oberbergen a. Kaiserstuhl

Erste Rundfunkerfahrungen
Neues Studium an der Universität
Freiburg:
Philosophie, Pädagogik, Kunstgeschichte,
Volkskunde
Schüler von Eugen Fink

Alemannisches Kabarett mit Anton Zink
Leitung der Freiburger Gehörlosen-Bühne
Schriftleitung des Info-Blattes "d'r
Suflörkaschde"

Volontariat beim SWF Fernsehen
Erste Drehbücher
Redakteur in der Sendeleitung des SWF
Fernsehens
Stellvertretender Abteilungsleiter
Fernsehen-Kultur des SWF
Aufbau eines Bildungsfernsehens:
Telekolleg, Schulfernsehen,
Kursprogramme

Hauptabteilungsleiter Ausbildungs- und
Familienprogramme
Eigene Sendungen und Publikationen:
Schwerpunkt Religion, Geschichte, grie-
chische Orthodoxie, Kunstgeschichte,
Griechenland, Alemannische Sprache und
Kultur,
u.a. Filme über ein Athos-Kloster, das
Johanneskloster auf Patmos,
das Katharinenkloster auf dem Sinai.

Ritterkreuz mit Krone des orthodoxen
Patriarchen von Jerusalem
Ritterkreuz des heiligen Silvester des
Papstes Johannes Paul II.
Goldenes Kreuz der griechisch-othodoxen
Metropolie von Deutschland
Peter-Wurst-Preis
Deutsch-Französischer Kulturpreis der
Stadt Rastatt
Alemannen-Antenne in Gold
Hebel-Dank

1995 pensioniert
Seitdem tätig als Autor und Filmemacher
Co-Moderator der Erfolgsserie "Was die
Großmutter noch wusste"
mit bisher über 200 Sendungen
Inhaber einer Firma für Levante Importe

Werner O. Feißt
An den Badäckern 14
7651 Gaggenau

PROF. DR. STANISLAUS VON KORN
FRANK LAMPRECHT, DIPL.-ING. AGR. (FH)

Ziege und Schaf - bedeutsame Nutztiere früher und heute

Die Haltung von Ziegen und Schafen hat in Mitteleuropa, vor allem zur Nutzung von natürlichem Grasland, eine lange Tradition. Von Fachbüchern bis hin zu Kinderbüchern reichen die Berichte und Geschichten, in denen die Besonderheiten und Anziehungskraft dieser Tierarten erwähnt werden. Auch in den heute noch so zahlreich zu findenden Orts-, Straßen- und Regionsbezeichnungen spiegelt sich die einst große Verbreitung der Schaf- und Ziegenhaltung wider: Schaftrift, Ziegenhain, Ziegenberg, Schafgewann, Schaftal, Geisdorf, Geisweg, Schafhof, ...

Ziegen und Schafe zählen zu den ältesten Haustieren. Bereits seit mehr als 10 000 Jahren nutzt der Mensch die vielfältigen Dienste beider Tierarten: Milch, Fleisch, Wolle, Felle und andere mehr. In Europa leisten Ziegen und Schafe zudem in den vergangenen Jahrzehnten auch wertvolle Beiträge zur Erhaltung unserer Kulturlandschaft. Zahlreiche Landschaftstypen waren ja gerade durch die Beweidung mit diesen kleinen Wiederkäuern entstanden, so dass diese heute verständlicherweise auch die beste Pflege leisten. Mit dem Beginn der Dreifelderwirtschaft im 14. Jahrhundert hatte sich ein zweckmäßiges System eingespielt: die Bauern erhielten auf den abgeernteten Feldern und Brachäckern den Schafdung durch die Nachtpferche - der Schäfer erhielt dafür genügend Weiden und Triebwege durch die Flur und häufig auch ein Entgelt - die Gemeinden erhoben von den Schäfern Pachtzinsen und hatten hier eine Einnahmequelle. So konnte die Nahrungsmittelproduktion gesteigert und der Wollbedarf befriedigt werden.

Mit der Modernisierung der Landwirtschaft im Verlauf der letzten 100 Jahre ging unweigerlich die früher so tragende Bedeutung der Ziegen- und Schafhaltung zurück.

Burenziegen auf der Weide

Von einem Höchststand in Deutschland von 30 Mio. Schafen im Jahr 1870 bzw. 5 Mio. Ziegen im Jahre 1920 reduzierten sich die Bestände fast kontinuierlich bis etwa Ende der 60er Jahre auf nur noch einige hunderttausend Schafe bzw. einige zehntausend Ziegen. Mit diesem Rückgang waren dramatische Verluste zahlreicher typischer Schafweidefluren, wie die Hutungen und Heiden, verbunden, dass sich ganze Landschaftsbilder veränderten. Diese Entwicklungen waren in fast allen europäischen Nachbarländern zu beobachten. Die Einkommen und Erträge aus der Ziegen- und Schafhaltung konnten mit der z.T. rasanten Leistungsentwicklung anderer Nutzungsformen und Tierarten nicht mehr Schritt halten. Die vorhandenen Flächen, Arbeitskräfte und Ställe wurden immer häufiger durch intensivere und wettbewerbsfähigere Verfahren genutzt. Die Erfindung des Kunst- oder Mineraldüngers machte Pferchnächte überflüssig. Die Waldweide, gerne mit Ziegen durchgeführt, wurde durch die Forstgesetzgebung immer häufiger untersagt. In der Schafhaltung kam hinzu, das hochwertige Schaf- und Baumwollen aus dem Ausland sowie die neu entwickelte Kunstfaser auf den deutschen Markt drängten und die vergleichsweise teure deutsche Schafwolle immer wertloser werden ließ. Da die Wollerzeugung mit Schafen nicht mehr rentabel war, musste die Schafhaltung in

Deutschland, wie in ganz Westeuropa, neu ausgerichtet werden. So steht seit etwa 40 Jahren nicht mehr die Wollerzeugung bei der Schafhaltung im Vordergrund, sondern die Erzeugung von Lammfleisch.

Die Qualität von jungem Ziegen- und Schaflammfleisch hebt sich erheblich von dem Fleisch ausgewachsener Tiere ab, das vor allem in der Nachkriegszeit angeboten wurde; Lammfleisch entspricht heute den Wünschen einer breiten Kenner- bzw. Verbraucherschicht.

Lange Zeit wurde die Ziegen- und Schafhaltung lediglich als unbedeutende Nische angesehen. Mit der wachsenden Bedeutung in der Hobbyhaltung und in der Landschaftspflege, aber auch mit dem

Röhnschafe in einer Waldschneise

zunehmendem Ernährungsbewußtsein in der Bevölkerung nahm die Nachfrage nach den diätisch so hochwertigen Erzeugnissen (Fleisch, Milch) von Ziege und Schaf in den letzten Jahrzehnten kontinuierlich zu.

Angesichts dieser gesteigerten Wertschätzung von Ziegen und Schafen sehen heute wieder in zunehmendem Maße landwirtschaftliche Betriebe eine echte Erwerbsalternative in der Ziegen- und Schafhaltung. So liegen die Ziegenzahlen nach einem kräftigen Aufschwung in den vergangenen 10-15 Jahren in Deutschland heute wieder bei über 130 000 Ziegen. Die Schafhaltung zeigt seit einigen Jahren ein recht konstantes Bestandsniveau.

Milchschafe

Schaf- und Ziegenbestände im deutschsprachigen Raum 1998

	Schafe	Ziegen
Deutschland	**2,3 Mio.**	**130 000**
Schweiz	**450 000**	**60 000**
Österreich	**350 000**	**48 000**

Die Voraussetzungen für die Ziegen- und Schafhaltung sind heute also durchaus günstig. Positiv wirken sich vor allem aus:
- im Zuge der Agrar- und Umweltpolitik freigesetzte Flächen (oft von aufgegebenen Milchviehbetrieben), die von Ziegen und Schafe genutzt oder im Rahmen der Landschaftspflege kostengünstig offen gehalten werden können,
- die recht anspruchslosen Ziegen und Schafe, die extensiv gehalten, für die zahlreichen Nebenerwerbs- und Hobbybetriebe ideale "Partner" sind,
- die verbesserten Absatzchancen für die qualitativ hochwertigen Lebensmittel von Ziege und Schaf, die in stärkerem Maße erkannt und bekannt werden.
Insbesondere bei den Milchprodukten dieser beiden Tierarten ist eine lebhafte Nachfrageentwicklung zu beobachten.

ZIEGEN UND SCHAFE - UNTERSCHIEDLICH UND DOCH ÄHNLICH

Auf den ersten Blick wirken Ziegen und Schafe durchaus ähnlich. Neben den äußerlich erkennbaren Unterschieden kann der Beobachter aber bald auch sehr verschiedene Verhaltensweisen bei beiden Arten feststellen.

Wesentliche Differenzierungen zwischen Ziege und Schaf

Natürliche Unterschiede:	Ziege	Schaf
• Chromosomenzahl	60	54
• Äußere Erscheinung		
Behornung	meist gehörnt	meist hornlos
Stellung des Schwanzes	aufrecht, kurz	hängend, meist lang
Haarkleid	meist Haare (Ausnahmen: Wollziegen, z.B. Mohair, Kashmir)	meist Wolle (Ausnahmen: Haarschafe in den Tropen)
• Verhalten		
Futteraufnahme	sehr wählerisch, aber breites Pflanzenspektrum (Mischfresser)	wählerisch (Grassfresser)
Rangordnungsverhalten	ausgeprägte Rangkämpfe	wenig Rangkämpfe
Kletterfähigkeit	besonders steig- und kletterfreudig	bedingt steigfähig
Temperament	unruhig, agil	ruhig
• Stimme	helles Meckern	tiefes Blöken
Gewachsene Unterschiede:		
• Anzahl Tiere (Deutschland)	Ca. 130.000	ca. 2,3 Mio.
• Haltungsformen	Stall- und Koppelhaltung	Hüteschafhaltung, Koppelschafhaltung
• Herdengrößen	eher klein	große Hüteherden, kleine Koppelschafherden
• Produktionsziele	vorwiegend Milch (zunehmend auch Fleisch)	vorwiegend Fleisch (vereinzelt auch Milch)
Leistungsunterschiede:		
• Gewichtsentwicklung	gering (ca. 200 g/ Tag)	hoch (ca. 300-400 g/ Tag)
• Fleischanteile	mittel	hoch
• Milchleistung		
Milchmenge	relativ hoch (ca. 700 kg/ Jahr)	geringer (400 kg/ Jahr)
Milchinhaltsstoffe	gering - mittel (3,4 % Fett; 2,9 % Eiweiß)	hoch (5,8 % Fett; 4,8 % Eiweiß)
Käseausbeute	gering - mittel	hoch
• Wolle	grobes Oberhaar dominiert	feinwolliges Haarkleid

Ziegen und Schafe sind auf den ersten Blick - wie bereits beschrieben - sehr ähnliche Tierarten mit vielen Gemeinsamkeiten. Bei genauerer Betrachtung werden jedoch auch erhebliche Unterschiede zwischen beiden Arten offensichtlich.

Während Ziegen besonders neugierig, erkundungs-, bewegungs- und kletterfreudig sind, verhalten sich Schafe eher ruhiger. Ebenso heben sich Ziegen in ihrer Vorliebe für Büsche, Laub und Strauchwerk von Schafen ab, die als typische Grasfresser gelten.

Zu erklären sind solche Unterschiede durch die Abstammung von verschiedenen Wildformen, die an ganz unterschiedliche Heimatregionen angepasst waren bzw. sind.

Im Laufe der Geschichte trug der Mensch zur weiteren Differenzierung der beiden Arten bei. In Mitteleuropa fand das Schaf wegen seiner Wolle Beachtung, die nur über große Herden lohnenswerte Einkommen erbrachte. Im großen Herdenverband musste sich das Schaf mit seinen Artgenossen arrangieren. Hier gilt es den Nach-

barn zu dulden, dicht bei einander zu bleiben sowie Schäfer und Hütehund zu folgen, so dass sich nur ein schwach geprägtes Individualwesen entwickeln konnte. Die Ziege hingegen war in Mitteleuropa stets wegen ihrer Milch gehalten und gezüchtet worden und zwar meist in kleinen Herden zur Familienversorgung. Bestens umsorgt und in engem Kontakt zum Menschen, konnte die Ziege ihre Individualität stärker zum Ausdruck bringen. Typische Attribute der Ziege sind eigensinnig, intelligent und sensibel als auch liebesbedürftig.

Ähnliches gilt für die Milchschafe, die auch vorrangig in kleinen Beständen gehalten werden, bei guter Pflege hohe Leistungen erbringen und, wie die Ziege, für groß und klein ein ermunternder Lebenspartner sein können.

Die unterschiedlichen Temperamente von Schaf und Ziege werden auch in der Geschichte und Mythologie der Tiere deutlich. Während die Ziege hier ein recht zwiespältiges Bild abgibt und auf der einen Seite mit Göttern der Germanen und Griechen in Verbindung gebracht wird, finden wir auf der anderen Seite auch die Nähe zum Teufel und zu Hexen. Dem Schaf kommt dagegen wiederholt die klassische Rolle des Opferlammes zu.

Ziegen und Schafe in einer Herde

VIELFÄLTIGE NUTZUNGSVARIANTEN MIT ZIEGEN UND SCHAFEN

Keine andere Tierart weist eine solch große Nutzungs- und Haltungsflexibilität auf, wie diese beiden kleinen Wiederkäuer.

Eine große Milchziegenherde im Stall

Ziegen und Schafe werden für verschiedenste Zwecke gehalten. Zum einen zur Erzeugung von Naturprodukten, wie Milch, Fleisch, Wolle und Felle. In zunehmendem Maße sind aber auch soziale Dienste (z.B. Hobbytiere als Lebenspartner) und so wertvolle volkswirtschaftlichen Leistungen, wie die Landschaftspflege an die Erzeugung der o.g. Produkte gekoppelt.
Die Nutzungsrichtungen sind bei Ziege und Schaf unterschiedlich betont. Denn während in der Ziegenhaltung die Milcherzeugung meist das erklärte Produktionsziel ist, werden in der Schafhaltung nur etwa 6% aller Schafe zur Milchgewinnung gehalten. Die absolute Anzahl der milch-

liefernden Nutztierarten ist hingegen fast gleich; so werden in Deutschland jeweils etwa 100 000 Milchziegen und Milchschafe gehalten. Anders stellt sich die Ausrichtung auf die Erzeugung von Lammfleisch dar: die meisten der im deutschsprachigen Raum gehaltenen Schafe, aber vorerst nur wenige Ziegen, werden vorrangig zur Fleischnutzung gehalten.

Nutzungsrichtung Milch:
Die Milcherzeugung mit Schafen und Ziegen hat weltweit eine lange Tradition. Als sog. "Kuh des armen Mannes" waren beide Arten in den kleinen Familienbetrieben der vergangenen Jahrzehnte wegen ihrer Milch hoch geschätzt.

Milchschafe warten im Stall auf das Futter

Ziegen und Schafe (hier Milchschafe) werden im Sommer auch auf der Weide gemolken

Auch die Bezeichnung "Bahnwärterkuh" lässt erkennen, dass die Milchziege als Einzeltier vielerorts für die Verwertung von restlichen Flächen, Wegrändern und Bahndämmen genutzt wurde.

Heute erleben Ziegen- und Schafmilch und die daraus hergestellten Produkte eine kleine Renaissance. Mit zunehmendem Verbraucherbewußtsein ist die Nachfrage nach diesen Produkte vor allem in den vergangenen 15 Jahren erheblich gestiegen, so dass sich bis heute immer mehr Betriebe zur Haltung von Milchziegen und Milchschafen entschlossen haben. Im Vergleich zu den großen Betrieben in Frankreich, Holland und in Übersee sind die Milchziegen- und Milchschafherden in Deutschland, Österreich und der Schweiz mit etwa 20 bis 70 Tieren eher klein. Hier handelt es sich meist um Familienbetriebe, die neben der Routinearbeit, wie Füttern, Melken, etc. auch die Verarbeitung der Milch in einer eigenen kleinen und nach hygienischen Standards ausgestatteten Molkerei sowie die Vermarktung der Produkte selbst durchführen. Eine stets mit Herz und Engagement übernommene, aber arbeitsreiche Angelegenheit, wo der Kunde verschiedenste Käsesorten geboten bekommt. Dort, wo Großmolkereien sich bereit erklärt haben Ziegenmilch zu verarbeiten, werden auch größere Herdenbestände aufgebaut, da nun die aufwendige Verarbeitung und Vermarktung nicht mehr selbst vom Ziegenhalter durchgeführt werden muss. Diese Produkte finden wir dann vorrangig in den Regalen des Lebensmittelhandels. Leider gibt es in Deutschland kaum Molkereien, die Schafmilch abnehmen und verarbeiten, so dass es für Milchschafhalter keine Alternative zur Selbstverarbeitung und -vermarktung gibt. Die Ziegenmilch wird in Deutschland vorrangig mit der Bunten Deutschen Edelziege und der Weißen Deutschen Edelziege erzeugt. Die anderen milchbetonten Rassen (siehe Folgekapitel) sind seltener. Schafmilch liefert bei uns ausschließlich das Deutsche Milchschaf.

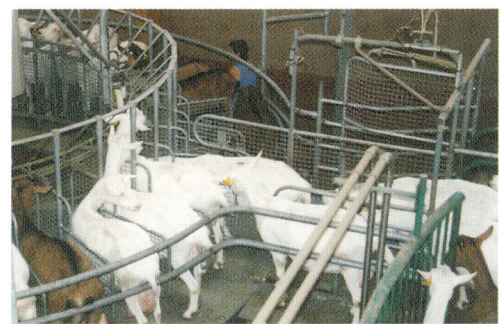

Milchziegen auf einem modernen Melkstand

Die Milcherzeugung mit kleinen Wiederkäuern ist auf jedem Betrieb an einen strengen Jahresablauf gebunden. Dieser beginnt mit der natürlichen Bedeckung der Muttertiere, vorrangig im Spätsommer/Herbst, da die Milchziegen und -schafe erst bei abnehmender Tageslichtlänge fruchtbar und paarungsbereit sind. Die künstliche Besamung, die bei anderen Tierarten häufig Routine ist, wird bei Ziegen und Schafen im deutschsprachigen Raum unter praktischen Bedingungen nicht durchgeführt. Nach einer Trächtigkeit von etwa 5 Monaten werden die Lämmer zwischen Dezember und Februar geboren: bei den Ziegen meist Zwillinge, bei den sehr fruchtbaren Milchschafen Zwillings-, Drillings- oder gar Vierlingswürfe. Die Lämmer müssen möglichst bald nach der Geburt Muttermilch aufnehmen, um so ein gutes Immunsystem aufbauen zu können. Mit wachsendem Alter wird die Muttermilch jedoch zunehmend durch eine Milchpulvertränke ersetzt, da die Milch ja für die Käseherstellung oder den Verkauf vorgesehen ist. Mit der Ablammphase beginnt die arbeitsreiche Zeit für jeden Milchziegen- und Milchschafhalter. Neben der Lämmeraufzucht muss jetzt täglich morgens und abends gemolken werden.

Die meisten Betriebe nutzen dazu einen fest eingerichteten Melkstand mit Melkmaschine. Stehen die Tiere auf hoffernen Weideflächen, so wird auf mobilen Melkständen gemolken. Nur allzu gerne finden sich die Ziegen und Schafe auf dem Melkstand ein, da es hier auch begehrtes Ergänzungsfutter gibt.

Nach 7-10 Monaten ist die Milchmenge so stark zurück gegangen, dass das Melken eingestellt wird. Nun haben die Tiere eine Regenerationspause bis zur nächsten Ablammung bzw. bis zur nächsten Laktation.

Milchschafe im Stallmelkstand

Ziegen besitzen ein beträchtliches jährliches Milchleistungsvermögen, dass etwa dem 12-15fachen ihres Körpergewichts (ca. 60 kg) beträgt; das entspricht einer Jahresleistung von 700-900 Liter Milch. Milchschafe erbringen eine geringere Milchmenge (400-500 Liter), jedoch ist deren Milch äußerst reich an Inhaltsstoffen, so dass bei der Verarbeitung mehr Käse gewonnen wird.

Der Nachwuchs wird teilweise als neue Generation in die eigene Herde übernommen oder dient der Erzeugung von schmackhaftem Lammfleisch, insbesondere in der Osterzeit.

Mutterschaf mit Lämmern

Die Nutzungsrichtung Lammfleisch (Ziege, Schaf):

Lammfleischerzeugung ist eine deutlich extensivere Nutzvariante der kleinen Wiederkäuer, die in der Schafhaltung eine lange Tradition hat. Die sogenannte Fleischziegenhaltung hat sich hingegen in Mitteleuropa erst in den vergangenen Jahrzehnten verbreitet, da hier recht günstige Voraussetzungen bestanden und noch bestehen: vermehrte Verfügbarkeit von freien Grünlandflächen, zunehmender Anteil von Nebenerwerbs- und Hobbytierhaltern, hoher Bedarf von Ziegen in der Landschaftspflege, wachsende Nachfrage nach Ziegenfleischprodukten.

Auch bei dieser Nutzungsrichtung werden die Schafe und Ziegen natürlich durch den Bock bedeckt, der meist im Spätsommer/ Herbst der Herde zugeteilt wird. Folglich fallen auch hier die Lämmer etwa zwischen Dezember und März. Einige Rassen, wie z.B. die Merinoschafe oder die Burenziegen, sind jedoch auch fast während des gesamten Jahres fruchtbar, so dass nahezu zu jeder Jahreszeit Lämmer geboren werden können.

Nach der Lammung müssen die Ziegen und Schafe ihre Fähigkeit als Mutter beweisen: Trockenlecken der Neugeborenen und Kontaktaufnahme mit ihren Lämmern, nach dem diese Stehen und Laufen können soll die Mutter sie zur Eutersuche und Milchaufnahme animieren, geduldiges Stehenbleiben solange der Nachwuchs trinkt sowie das Abwehren von Störenfrieden zum Schutz ihrer Jungen gehören zu den Aufgaben einer guten Mutter. Zwischen den Lämmern und ihren Müttern entwickelt sich in den ersten Tagen eine enge Bindung. Anhand ihrer individuellen Stimme und ihrem spezifischen Geruch finden beide auch in großen Herden immer wieder zueinander.

Nach der 3-6monatigen Aufzucht an den eigenen Müttern, haben die Lämmer eine stärkere Eigenständigkeit entwickelt - sie gehen nun vermehrt ihre eigenen Wege und nehmen nur noch wenig Muttermilch auf. Gutes Heu oder Gras und ggf. auch etwas Getreide sind jetzt ihre bevorzugte Futtergrundlage.

Nun werden die Lämmer abgesetzt, die Muttertiere können sich von der "anstrengenden" Aufgabe der Lämmeraufzucht erholen und gehen praktisch in einen Erholungsurlaub bis später mit der nächsten Bedeckung der Jahresablauf wieder von neuem beginnt.

Die nun herangewachsenen Jungtiere werden unterschiedlich verwertet. Entweder werden sie als Zucht- oder Hobbytiere verkauft oder sie liefern als Schlachttier das hochwertige Lammfleisch.

Je nach dem, wie hoch die Nährstoffversorgung der Ziegen- und Schaflämmer während der Aufzucht durch Muttermilch und Beifutter ausfiel, erreichen diese ihre Schlachtreife in einem Alter zwischen 3-5 Monaten. Schaflämmer wiegen dann bereits 40-44 kg, während die langsamer wachsenden Ziegenlämmer im 3.-4. Monat 25-30 kg erzielt haben.

Säugendes Mutterschaf (Röhnschaf)
mit Lämmern

Ziegen und Schafe - artgerechte Haltung und Fütterung

Die **Hütehaltung** ist die traditionelle Haltungsform, die heute auch in der Schafhaltung noch verbreitet ist. Bereits seit Jahrhunderten lenken Schäfer ihre Herden mit ausgebildeten Hütehunden über weite Fluren, schmale Wege oder Kleinflächen. Für den Beobachter stellt dieses abgestimmte Miteinander von Schäfer, Hund und Schafherde stets ein eindrucksvolles Schauspiel dar. Auf den jährlich stattfindenden Schäferläufen in verschiedenen süddeutschen Orten (Markgröningen, Bad Urach, Wildbad und Heidenheim) finden beeindruckende Hütedemonstrationen und -wettbewerbe statt, die stets viele Besucher anlocken.

Ziegen nutzen gerne den Auslauf vom Stall auf die Weide

Während der sogenannte *Bezirks- oder Standortschäfer* mit seiner Herde im Umkreis seines Betriebes die öffentlichen Flächen, Pachtflächen, Weg- und Feldränder abhütet, zieht der *Wanderschäfer* auf alt bekannten Triebwegen oft mehrere hundert Kilometer von den Sommerweiden (z.B. auf der Schwäbischen Alb und anderen Mittelgebirgen) über die Herbstweiden in den Ackerbaugebieten auf die Winterweide in den klimatisch begünstigten Regionen (Bodensee, Rheintal), wo auch im Winter noch Futter gefunden werden kann. Damit gibt es selbst im Computer- u. Biotechnologie-Zeitalter in Mitteleuropa noch eine Form des Nomadismus, den es auch aus kulturhistorischen Gründen zu erhalten gilt. Jedoch kann heute die Hüteschafhaltung, und hier besonders die Wanderschafhaltung, nur unter schwierigen Bedingungen durchgeführt werden: durch zunehmende Besiedelung und intensivierten Ackerbau stehen heute weniger große Weideflächen zur Verfügung; der Ausbau der Verkehrsnetze hat zahlreiche Futterflächen voneinander getrennt, die jetzt nur noch schwer erreichbar sind; aufgrund der harten körperlichen Arbeit und der sozialen Abgeschiedenheit eines Wanderschäfers sind in der freizeitorientierten Gesellschaft nur noch wenig Nachwuchskräfte zu finden. Tierzuchtverbände, Naturschutzeinrichtungen und Kommunen setzen sich aber gerade für diese Formen der Schafhaltung ein, um damit die Berufsschäfer und die wertvollen Landschaftspflegedienste der Hüteherden zu unterstützen.

Auch Ziegen wurden in früheren Jahren häufig gehütet; meist durch einen Hütejungen, der die einzelnen Ziegen zu einer Dorfherde zusammenfaßte und mit dieser tagsüber auf die sog. Allmendweide zog (Gemeindeweide). Heute werden Ziegen nur noch gelegentlich gehütet. Da Ziegen individueller und bewegungsfreudiger veranlagt sind, also ein ganz anderes Temperament besitzen als Schafe, bedarf das Hüten dieser Art einer besonderen Aufmerksamkeit. Bisweilen integrieren jedoch auch Hüteschäfer eine gewisse Anzahl von Ziegen in ihre Herde, um einen besseren Verbiß von Busch- und Strauchwerk auf ihren Weideflächen zu erzielen. Recht häufig finden wir die **Koppelhaltung** von Ziegen und Schafen, d.h. die Tiere beweiden Flächen, die mit festen oder mobilen Zaunsystemen eingefriedet sind. Diese Variante braucht keine ganztägige Betreuung, wie die Hütehaltung, so dass auch der Hobby- oder Nebenerwerbslandwirt die Koppelbeweidung durchführen kann. Etwa die Hälfte aller Schafe werden in Deutschland heute schon gekoppelt, während der übrige Teil der traditionell gehüteten Schafe leider zurückgeht (siehe Diagramm).

Entwicklung der Betriebsformen in der deutschen Schäferei

Anzahl Schafe: 829 000   2 324 000
(in Prozent der absoluten Anzahl der Schafe)

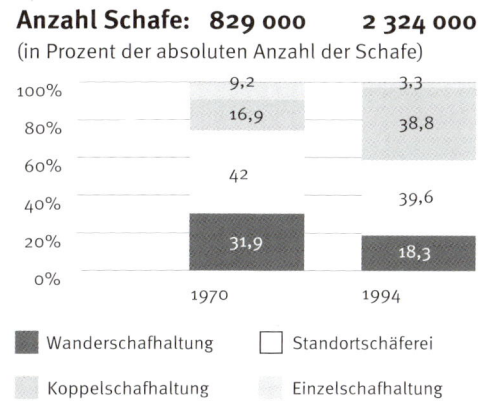

■ Wanderschafhaltung   □ Standortschäferei
Koppelschafhaltung   Einzelschafhaltung

Laufställe fördern die Gesundheit der Tiere

Während die Tiere den größten Teil des Jahres in freier Natur verbringen, werden sie in den Wintermonaten meist in sogenannten **Laufställen** gehalten.
Hier können die Tiere nach freier Wahl stehen, gehen, liegen, fressen oder ruhen. Sie haben auch die freie Möglichkeit Kontakt zu ihren Artgenossen aufzunehmen oder sich zurückzuziehen. Da in der Winterzeit meist die Ablammungen stattfinden, hat der Tierhalter besonders in dieser sensiblen Zeit die notwendige Nähe zu den Tieren, um durch Kontrollen und vorbeugende Maßnahmen die Gesundheit der Muttertiere und der Neugeborenen im Auge zu haben. Die Ställe

sind meist hoch und geräumig und verfügen über eine gute Luftzirkulation. Durch regelmäßige Stoheinstreu bleiben die Tiere sauber.

Kräuterreiche Weiden und viel hofeigenes Futter

Natürliche Futterstoffe, wie Gräser, Kräuter, Heu oder gar Busch- und Laubwerk stellen die wichtigste Nahrungsgrundlage für alle Ziegen und Schafe dar.

Es ist schon eine erstaunliche Leistung der Wiederkäuer, wie unsere Schafe und Ziegen, dass diese mit Hilfe der unzähligen kleinen Bakterien im Pansen solche Futterstoffe zu verwerten vermögen, die weder vom Menschen noch von Huhn und Schwein genutzt werden können.

So sind die Ziegen und Schafe in der Lage selbst den Aufwuchs der kargen Heiden

und Trockenrasen und anderer Mittelgebirgslagen in für uns so wertvolle Nahrungsmittel und Produkte (Milch, Fleisch, Wolle) umzuwandeln, ja sogar zu veredeln.

Die typischen Weideflächen liegen oft in Gebieten, die schon seit Jahrzehnten, teils Jahrhunderten extensiv genutzt werden, kaum mit Pflanzenschutzmitteln und Kunstdünger behandelt wurden und häufig zu Naturschutz- oder Landschaftsschutzgebieten erklärt wurden. D.h. die Ziegen und Schafe finden hier sehr "naturbelassene" und weitesgehend unbelastete Grundfuttermittel.

Während die Tiere in der warmen Jahreszeit ihrem "Fressen beim Spazierenlaufen" nachgehen, machen sich deren Besitzer daran, das Winterfutter in Form von Heu und Silage zu ernten. Ergänzend zum Winterfutter erhalten die milchgebenden Ziegen und Schafe auch etwas Getreide. Schon aus Kostengründen ist der Tierhalter aber immer bestrebt möglichst viel Grundfutter (Gras, Heu), hofeigenes Getreide und kaum zugekaufte Futtermittel einzusetzen.

Artgerechte Schafhaltung in einem Schafstall mit viel Luftraum

ZIEGEN- UND SCHAFRASSEN IM DEUTSCHSPRACHIGEN RAUM

Durch die Domestikation waren die Wildtiere nun ganz anderen Lebensbedingungen ausgesetzt: unter der Obhut des Menschen hatten sie kaum noch natürliche Feinde zu fürchten, konnten sich aber nicht mehr uneingeschränkt bewegen, ihre Paarungspartner nicht mehr selbst auswählen, usw. Folglich wurden Eigenschaften, die für die Überlebensfähigkeit der Schafe und Ziegen in freier Wildbahn erforderlich waren, immer bedeutungsloser - während andere, für den Menschen nützliche Eigenschaften, wie Milch, Wolle, Fruchtbarkeit und Wachstum, zunehmend gefördert wurden.

Damit wird verständlich, dass unsere heutigen Ziegen- und Schafrassen ihren wilden Stammformen nur noch wenig gleichen.

Schafrassen

Der Mufflon (lat. Ovis ammon) ist die Wildform aller Hausschafe. Er stammt aus dem vorderasiatischen Raum, ist aber heute auch in Europa als z.T. jagdbares Wild verbreitet. Im Gegensatz zu unseren europäischen Hausschafen trug bzw. trägt der Mufflon keine Wolle, sondern grannenartige Haare und nur wenige feine Unterhaare. Eine Mutation hat vor einigen tausend Jahren dazu geführt, dass unsere Schafe heute z.T. sehr feine Wolle ausbilden. Eine Veranlagung, die für Tier und Mensch vorteilhaft war und ist: ver-

Schwarzköpfige Fleischschafe im Koppelbetrieb

besserte Wärmeisolierung für das Schaf und wertvoller Bekleidungsstoff.

Die Entwicklung einzelner Rassen ist im wesentlichen von den natürlichen Standortverhältnissen und der Zuchtauswahl abhängig. Dabei sind besonders Futteraufwuchs und Witterungsverhältnisse des jeweiligen Standortes für die Ausbildung typischer Rassekennzeichen, wie Gewicht, Größe und Vliescharakter, entscheidend.

In Anpassung an die vielschichtigen Standorttypen im deutschsprachigen Raum (Küstenbereiche, trockene Geest- und Heidegebiete, Moorregionen, intensive Ackerbaustandorte, ertragsarme Mittelgebirgslagen, Alpengebirgszüge) hat sich eine besonders große Rassenvielfalt herausgebildet, die von kleinen, genügsamen Heideschafen bis hin zu gut doppelt so schweren, anspruchsvollen Fleischrassen reicht. Mehr als 50 verschiedene Schafrassen werden in Deutschland, Österreich und der Schweiz von den Zuchtverbänden betreut. Damit liegt hier die Rassenvielfalt fast 10mal höher als in den berühmten Schafländern Neuseeland und Australien. Jedoch sind einige der bei uns gehaltenen Schaf- und Ziegenrassen heute sehr selten geworden und z.T. vom Aussterben bedroht. Meist handelt es sich um die kleinen genügsamen Landrassen, die mit größeren Rassen oft nicht konkurrieren können, aber in ihren Heimatregionen als Landschaftspfleger hoch geschätzt sind.

Als typische Hüteschafe bilden Merinoschafe einen engen Herdenverband

Merinoschafe

Die Vorfahren aller Merinoschafe stammen aus Spanien (Ovejas merinos = Wanderschafe), wo sich unter den recht trockenen Klimaverhältnissen und durch stete Zuchtarbeit die Anlage zur Bildung hochwertiger Wollen entwickeln konnte. Mit abnehmender Wertschätzung der Wolle wurde jedoch auch die Fleischleistung vieler Merinorassen verbessert, so dass diese Rassen auch heute noch ihre Konkurrenzfähigkeit erhalten konnten. Die Kombination von ausgezeichneter Wolle, schnellem Wachstum und guter Be-muskelung hat den deutschen Merinorassen im Ausland großes Interesse verschafft.

Drei Merinorassen werden unterschieden. Das *Merinolandschaf* ist in Deutschland am weitesten verbreitet. Es wird vor allem in den großen Hüte- und Wanderschafherden Süddeutschlands gehalten. Die Rasse zeichnet sich besonders durch Widerstands-, Pferch- und Marschfähigkeit und hohe Fruchtbarkeit aus.

Das weniger verbreitete *Merinofleischschaf* stellt höhere Futteransprüche, folglich ist es vorwiegend in den intensiven Ackerbau- und Grünlandgebieten Niedersachsens und Ostdeutschland zu finden. Das *Merinolangwollschaf* wurde eigens für die Wollerzeugung in der ehemaligen DDR gezüchtet, verliert heute aber allmählich an Bedeutung.

Fleischschafe

Die rückläufigen Wollpreise im 20. Jahrhundert gaben die entscheidenden Impulse für eine stärkere Betonung der Fleischleistung in der Schafzucht. Zur Beschleunigung dieser Zuchtrichtung wurden schon früh englische Fleischrassen nach Deutschland eingeführt, aus denen schon bald das Deutsche Schwarzköpfige Fleischschaf und das Deutsche Weißköpfige Fleischschaf hervorging. Weitere Fleischrassen, wie Texel und Suffolk, haben in der Bundesrepublik erst nach 1960 Bedeutung gefunden.

Das *Deutsche Schwarzköpfige Fleischschaf* ist die in Deutschland am häufigsten gehaltene Fleischschafrasse. Sie ist sehr anpassungsfähig und mittelgroß und für die Koppel- und Hüteschafhaltung gleichermaßen geeignet.

Texelschafe stammen von der gleichnamigen Insel vor der holländischen Küste. Diese Rasse zeigt besonders gute Bemuskelung von Keule, Rücken und Schulter. Seit den 80er Jahren werden in Deutschland auch vermehrt die aus England stammenden *Suffolkschafe* gezüchtet. Aufgrund des recht hohen Fleischbildungsvermögen erfreut sich die Rasse auch hierzulande einer hohen Beachtung. Vor allem an den Küsten Norddeutschlands ist das recht großrahmige *Deutsche Weißköpfige Fleischschaf* anzutreffen. Zusammen mit Texel- und Schwarzköpfigen Fleischschafen beweidet diese Rasse die Deiche, das Deichvorland und die Marschen im Hinterland.

Weitere nennenswerte Fleischschafrassen sind
• das *Blauköpfige Fleischschaf* (anspruchsvolle Koppelschafrasse)
• das *Charollaisschaf* (französiche Rasse)

Milchschafe
Im deutschsprachigen Raum gibt es nur eine heimische Milchschafrasse: das Ostfriesisches Milchschaf. Da es wegen seiner guten Milchleistung heute weit über die Grenzen Norddeutschlands verbreitet ist, wird es auch *Deutsches Milchschaf* genannt. Es ist eine großrahmige Rasse, die immer im nahen Kontakt zum Menschen gehalten wurde. Markenzeichen der Deutschen Milchschafe ist der lange unbewollte Schwanz.

Vorsichtiger Annäherungsversuch eines Milchschafes

Texelschafe

Landschafe

Landschafe sind, wie es schon ihre Rassennamen zum Ausdruck bringen, in typischen Regionen beheimatet. Sie weisen meist eine lange Zuchtgeschichte auf. Jedoch sind deren Bestände in den vergangenen 50 Jahren stark zurückgegangen, da sie vielerorts gegenüber den aufkommenden Leistungsrassen nicht mehr wettbewerbsfähig waren. Nur an extremen und ertragsarmen Standorten konnten sich diese Rassen behaupten. Seit Anfang der 8oer Jahre bemüht man sich jedoch wieder verstärkt, die Existenz noch bestehender Landrassen zu sichern. Dabei gilt es nicht nur die einzelnen Rassen als Kulturgut zu bewahren. Vielmehr müssen auch deren wertvolle Eigenschaften, wie Widerstandsfähigkeit, Genügsamkeit, Vitalität und Standortanpassung erhalten werden, die besonders die Landrassen zur extensiven Haltung und Landschaftspflege befähigen.

Die Graue Gehörnte Heidschnucke ist für die Koppel- und Hütehaltung geeignet

So haben die Landschafe aufgrund dieser Fähigkeiten heute wieder an Bedeutung gewonnen.
Angesichts der sehr unterschiedlichen Regionen gibt es eine Vielzahl von Landschafrassen.
Zu den bekanntesten Landschafrassen zählen Heidschnucken, die sich in 3 Rassen unterteilen.
Die *Graue Gehörnte Heidschnucke* ist vor allem in den trockenen Heidegebieten Norddeutschlands zu Hause, wo sie zur Erhaltung der typischen Kulturlandschaft (z.B. Lüneburger Heide) beiträgt. Die *Weiße Gehörnte Heidschnucke* beweidet abwechselnd Moor- und trockene Heideflächen. Die *Weiße Hornlose Heidschnucke* ist die kleinste Schnuckenrasse, die vorwiegend auf Moorgebieten gehalten wird und damit diese wertvollen

Moorschnucken erhalten das Biotop "Niedermoor" durch den Verbiss von Binsen, Seggen, Wollgras, Weißbirken, etc.

Biotope pflegt. Daher wird sie auch Moor-schnucke genannt.

Alle Heidschnucken weisen ein vergleichs-weise dunkles, wildbretartiges und aro-matisches Fleisch einer besondere Quali-tät auf.

Die *Rhönschafe* haben sich erfreulicher-weise in ihrer Stammheimat der Rhön (Dreiländereck Hessen - Bayern - Thüringen) wieder deutlich vermehrt. Besonders durch das von der UNESCO geförderten Biosphärenreservates Rhön hat diese Rasse in Verbindung mit ihrer Landschaftspflegefunktion einen neuen Aufschwung erfahren.

Das *Coburger Fuchsschaf* ist ein typisches süddeutsches Landschaf, dass durch den rot-goldenen Schimmer seiner Wolle be-kannt geworden ist.

Im bayerischen Alpenraum ist das *Deutsche Bergschaf* verbreitet. Meist trägt es weiße Wolle, jedoch gibt es auch brau-ne und gescheckte Rassenlinien.

Die Tiere sind besonders steig- und tritt-sicher sowie tolerant gegenüber Niederschlägen und damit prädestiniert für die Alpenregion.

Aus der großen Gruppe der Landschaf-rassen sind noch erwähnenswert
• das *Bentheimer Landschaf* (aus der gleichnamigen Grafschaft im südwestli-chen Niedersachsen)
• das *Rauhwollige Pommersche Landschaf* (beheimatet auf ertragsarmen

Heide- und Moorflächen in Mecklenburg-Vorpommern)
• das *Waldschaf* (ein recht selten gehalte-nes Schaf aus dem bayerischen Wald)
• die *Skudde* (die kleinste deutsche Rasse hat ihre Stammheimat in Ostpreußen)

Das Bergschaf ist an die Alpenregion bestens ange-passt

Schweizer und Österreichische Schafrassen

Aufgrund der eigenen Klima- und Weide-verhältnisse in den Alpenländern haben sich dort andere Rassen herausgebildet.

Das *Weiße Alpenschaf* ist die häufigste Schafrasse in der Schweiz, die auch mit den Merinoschafen verwandt ist.

Als gehörnte Rasse ist das *Walliser Schwarznasenschaf* mit dunklem Gesicht, Ohren und Füßen, aber heller Wolle recht auffällig. Da es sehr standorttreu ist, wird es häufig ohne Einzäunung bei nur loser Überwachung gehalten.

Eine eher anspruchsvolle Rasse ist das *Braunköpfige Fleischschaf*, das vor allem auf futterwüchsigen Gebieten des Schweizer Mittellandes und Voralpengebietes weidet.

Das *Weiße Bergschaf* ist dem Deutschen Bergschaf sehr ähnlich und ist im gesamten alpinen Raum verbreitet.

Das *Tiroler Bergschaf* ist die eigentliche österreichische Alpenrasse, die auch zur Herauszüchtung des Deutschen Bergschafes diente.

Ein typisches Gebirgsschaf ist auch das *Kärntener Brillenschaf*, das jedem durch seine schwarzen Abzeichen um die Augen herum auffällt. Neben weiteren typischen alpinen Schafrassen werden in der Schweiz und in Österreich heute auch die o.g. Merinolandschafe, Suffolk, Texel oder Deutsche Milchschafe gehalten.

Bunte Deutsche Edelziege - eine Milchziegenrasse auf der Weide

Ziegenrassen

Als Ahne unserer Hausziege gilt die Bezoarziege (lat. Capra aegagrus), die auch heute noch in wilder Form im Mittelmeerraum und Teilen Asiens vorkommt. Der auch in Mitteleuropa lebende Steinbock zählt ebenfalls zu den Wildziegen und ist mit der Bezoarziege nahe verwandt. Bedingt durch die lange Zeit rückläufige Bedeutung der Ziege in Europa hat sich die Rassenvielfalt z.T. deutlich reduziert. Die Ziegenrassen werden je nach Nutzungsschwerpunkt eingeteilt.

Die Weiße Deutsche Edelziege - eine Milchziegenrasse bei der Bewertung

Milchziegen

Milchziegen bilden den größten Teil der Ziegenrassen Deutschlands, Österreichs und der Schweiz.

Typische deutsche Milchziegenrassen sind die Edelziegen, die als *Bunte und Weiße Deutsche Edelziege* gezüchtet wer-

Weiße Milchziegen im Lautertal (Schwäb. Alb)

den. Diese Rassen sind bundesweit verbreitet und erbringen als Leistungsrasse hohe Milchmengen um 800 Liter im Jahr. Die Bunte Deutsche Edelziege wird häufiger gehalten; sie kann auch in verschiedene Farbvarianten auftreten (helle Schwarzwaldziege, dunkle Frankenziege).

Die Weiße Deutsche Edelziege ist noch etwas leistungsfähiger und wird vermehrt in den Niederungsgebieten gehalten.

Die *Thüringerwald-Ziege* ist eine widerstandsfähige und anspruchslose Rasse, die mit der Schweizer Toggenburgerziege verwandt ist. Da die Thüringerwald-Ziege heute vom Aussterben bedroht ist, werden zahlreiche Bemühungen unternommen diese mit den hübschen Farbzeichnungen versehene Rasse zu erhalten.

Schweizer und Österreichische Ziegenrassen

In der Schweiz finden wir eine grosse Zahl verschiedener Rassen, die sich besonders als gute Gras- und Heuverwerter auszeichnen. Denn zusätzliche Getreidefütterung ist in den Hochlagen teuer, so dass der Nutzung des natürlichen Aufwuchses auf den kräuterreichen Almen größte Bedeutung zukommt.

Die *Toggenburgerziege* ist für ihre gute Marschfähigkeit und Robustheit bekannt und hat in den vergangenen Jahren über die Region Toggenburg hinaus an Bedeutung gewonnen.

Aufgrund der hübschen Fellzeichnung hat die Schwarzhalsziege zahlreiche Liebhaber gefunden

Die *Saanenziege* wird als typische "Heimgeiss" bezeichnet. Es erwiess sich als äußerst vorteilhaft die Tiere in weisser Farbe zu züchten, um sie bei freiem Weidegang für das zweimal tägliche Melken schnell wieder finden zu können. Die *Walliser Schwarzhalsziege* ist eine

besonders hübsche Ziege, die durch ihr langes Haarkleid auffällt, das vorne schwarz und hinten weiß gezeichnet ist. Bedingt durch das dichte isolierende Haarkleid ist sie sehr kälteunempfindlich und wird auch als "Gletschergeiß" bezeichnet.

Nera Verzasca ist eine typische Tessiner Rasse, sie gilt als die robusteste und widerstandsfähigste Rasse in Europa. Zunehmend findet diese Rasse auch in italienischen Nachbarregionen Interesse. Diese Entwicklung ist letztlich auch auf die beachtliche Milchmenge von etwa 400 Liter jährlich zu erklären, die unter sehr extensiven Haltungsbedingungen erbracht wird.

Seltener sind die nachfolgend genannten Rassen, die jedoch die große Rassenvielfalt bei den Ziegen des alpinen Raumes widerspiegeln:
• *Pfauenziege* (Ziege aus den Kantonen Graubünden und Tessin)
• *Bündner Strahlenziege* (dunkle Gebirgsziege aus Graubünden)
• *Appenzeller Ziege* (weiße milchbetonte Ziege aus gleichnamigem Kanton)
• *Gemsfarbige Gebirgsziege* (braune Ziege aus dem Schweizer Hochland)
• *Tauernschecke* und *Pinzgauer Ziege* (österreichische Rassen der alpinen Lagen, die heute jedoch selten geworden sind).

Fleischziegen

In Westeuropa wird nur eine typische Fleischziegenrasse gehalten. Es ist die aus Südafrika stammende *Burenziege*, die - im Gegensatz zu den genannten Milchziegen - einen stärker bemuskelten Typ darstellt. Mit der zunehmenden Bedeutung extensiver landwirtschaftlicher Produktionsverfahren (wie z.B. der Fleischziegenhaltung) hat sich diese Rasse im deutschsprachigen Raum seit den 70er Jahren kontinuierlich ausgebreitet.

Burenziegen mit Nachzucht auf der Sommerweide

Die Burenziege ist äußerlich durch die typische Fellzeichnung (weißer Körper, braune Kopf und Hals) und Hängeohren gekennzeichnet. Sie wird auch wegen ihres vergleichsweise ruhigen Temperamentes in der Weidehaltung geschätzt. Im Rahmen der extensiven Fleischziegenhaltung leistet die Rasse wertvolle Dienste in der Landschaftspflege (siehe Landschaftspflege) und liefert gleichzeitig hochwertiges Ziegenkitzfleisch.

Wollziegen

Wollziegen werden in Westeuropa nur vereinzelt gehalten, da sich der Marktpreis für Ziegenfasern nur auf einem sehr geringem Niveau bewegt.

Am bekanntesten ist die Angoraziege, die aus der Türkei (Provinz Ankara = Angora) stammend, heute besonders in Ländern mit trockenem Klima gehalten wird. Diese recht kleinrahmige Rasse erzeugt hochwertige Wolle, sog. Mohair, etwa 1,5-3 kg/ Jahr bei meist zweimaliger Schur. Die Feinheit (Durchmesser) solcher Mohairhaare schwankt zwischen 22 Mikron* (Lamm) und 34 Mikron* (Alttiere).

Noch hochwertigere Wollen liefern Kaschmirziegen, die aus der Region des indischen Staates Kaschmir kommen, heute aber auch in China und Australien, in Europa jedoch nur selten gezüchtet werden. Von den sehr feinen Wollhaaren (12-18 Mikron*) werden nur 200-500 g pro Jahr gewonnen.

* 1 Mikron = 1/1000 mm

Angoraziegen werden vorrangig in Regionen mit trockenem Klima gehalten

DIE WERTVOLLEN PRODUKTE UND DIENSTE DER ZIEGEN UND SCHAFE

Sowohl Ziege als auch Schaf liefern uns eine große Auswahl hochwertiger Produkte, die unsere Küche zunehmend bereichern. Deren steigende Nachfrage ist zum einen auf die höheren Ansprüche des Verbrauchers zurückzuführen, der heute möglichst gesunde und unbelastete

Ziegen- und Schafskäse wird in zahlreichen Varianten angeboten

Erzeugnisse aus artgerechter Tierhaltung wünscht. Zum anderen wird heute gerne auch einmal auf eine Alternative zu den herkömmlichen Milchprodukten und Fleischarten zurückgegriffen. Während in den Mittelmeerländern Ziegen- und Schafprodukte eine lange traditionelle Bedeutung haben, hat in Deutschland das Interesse an diesen erst begonnen.

Milch
Ziegen und Schafe sind die ältesten Haustiere, die den Mensch schon immer mit Milch versorgt haben.
Die Milch von Schafen und Ziegen und die

daraus hergestellten Erzeugnisse sind Spezialitäten, die sich in vielen Punkten untereinander und von der weit verbreiteten Kuhmilchware abheben. Der Verbraucher erkennt diese Unterschiede an den verschiedenen sensorischen Eigenschaften, wie Geschmack, Geruch und Aussehen. Vor allem der leicht arttypische, aber angenehm empfundene Geschmack der Ziegen-/Schafmilch und -käsearten ist das häufigste Argument für die Wahl solcher Produkte. Für den erfahrenen Verbraucher sind die Milcharten bereits mit dem Auge unverwechselbar zu erkennen: Ziegenmilch hellweiß, Kuhmilch weiß bis etwas gelblich, Schafmilch gelblich. Diese Farbunterschiede sind durch die unterschiedlichen Karotingehalte in der Milch zu erklären. Die Milch von Ziegen, Schafen und Kühen unterscheidet sich auch wesentlich im Gehalt maßgeblicher Inhaltsstoffe. Hervorzuheben ist besonders der hohe Anteil an Fett und Eiweiß der Schafmilch (siehe Tabelle), der eine deutlich höhere Ausbeute bei der Käseherstellung ermöglicht: für die Erzeugung von 1 kg festem Käse werden nur 6 kg Schafmilch, jedoch etwa 10-11 kg Ziegen- oder Kuhmilch benötigt. Die Konzentration der Milchinhaltsstoffe hängt auch von der Fütterung, den Futterstoffen und der Haltung der Tiere ab, folglich ist der Tierhalter schon aus diesen Gründen um eine gute Versorgung der Tiere bemüht ist.

Zahlreiche Milchziegen- und Milchschaf-
betriebe arbeiten heute nach ökologischen Richtlinien, so dass die hier erzeugten Produkte auch eine hohe ideelle
Werteinschätzung erfahren.
Zusammensetzung von Ziegen-, Schaf-
und Kuhmilch

	Ziegen-	Schaf-	Kuhmilch
Fett %	3,4	6,2	4,0
Eiweiß %	3,0	5,1	3,3
Milchzucker %	4,4	4,7	4,4
Mineralstoffe	0,7	0,8	0,7

Seit langer Zeit gibt es klare Hinweise auf
eine hohe gesundheitsförderliche Wirkung
der Ziegen- und Schafsmilch.
Erwähnenswert ist hier
• deren gute Allgemeinverträglichkeit,
• das Nichtauftreten von Milchallergien
(wie sie von Kuhmilch bekannt sind) aufgrund der anderen Eiweißzusammensetzung der Ziegen- und Schafmilch,
• die sehr feine Verteilung der Milchfett-
kügelchen in der Ziegenmilch, die eine
gute Verdaulichkeit bewirkt.
Deshalb wird unter anderem bei Magen-
Darmerkrankungen vorzugsweise auf
Ziegenmilch zurückgegriffen.
• aber auch die hohen Gehalte wertvoller
Bestandteile, wie Orotsäure und weiterer
ungesättigter Fettsäuren.
Hervorzuheben ist hier vor allem die sog.

konjugierte Linolsäure (int. Abkürzung:
CLA), die in der Schaf- und Ziegenmilch
eindeutig stärker vertreten ist als in der
Kuh- und Frauenmilch. Nach Untersuchungen der Universität Jena vermin-
dert die CLA im menschlichen Organismus
die arteriosklerotische Plaquebildung, för-
dert den Muskelaufbau und Fettabbau
und hat anticarcinogene (krebshemmen-
de) Wirkung. Die Bundesanstalt für
Fleischforschung in Kulmbach weist auch
für das Fleisch der kleinen Wiederkäuer
Schaf und Ziege überdurchschnittliche
Werte der konjugierten Linolsäure aus.

Milchprodukte
Wenn die Ziegen- und Schafmilch nicht
unverarbeitet als Rohmilch vom Kunden
ab Hof nachgefragt wird, können unter-
schiedlichste Produkte daraus hergestellt
werden. Da im deutschsprachigen Raum
nur wenige Molkereien die Milch von
Ziegen und Schafen abnehmen, muss die
Milch meist auf dem Betrieb zu den entsprechenden Erzeugnissen verarbeitet
werden.

Gesäuerte Milchprodukte
• Sauermilch:
Wird mit Hilfe bestimmter Milchsäure-
kulturen hergestellt. Man sagt ihr einen
hohen Gesundheitswert nach.
• Joghurt:
Durch Zugabe von entsprechenden

*In ansprechenden Hof-
läden werden Ziegen- und
Schafmilcherzeugnisse
direkt an den Kunden
abgegeben*

Ziegenhartkäse während der Reifung

Joghurtkulturen in die erwärmte Milch. Ursprünglich vom Balkan und Vorderen Orient stammend, hat Joghurt heute eine große Verbreitung gefunden. Im Handel wird jedoch Joghurt aus Ziegen- oder Schafmilch kaum angeboten.

• Kefir:
Durch das Zusammenwirken von Kefirpilzen und Milchsäurebakterien in der Milch entsteht Kefir nach einer Reifungszeit. In den letzen Jahren hat Kefir zunehmend an Popularität gewonnen. Kefir ist aufgrund der überwiegend rechtsdrehende Milchsäure gut verträglich und wird allgemein als gesundheitsförderlich eingeschätzt.

Käsearten
Käse wird je nach Fettgehaltsstufe und Wassergehalt unterteilt.

• Frischkäse oder Quark:
Die Zugabe von Milchsäurebakterien lässt die Milch gerinnen (Dicklegung). Frischkäse gibt es je nach Fettstufe, Kräuter- oder Gewürzergänzung in verschiedensten Varianten.

• Weichkäse:
Milchsäurebakterien und Labenzyme führen zur Dicklegung, die nach einer Reifezeit von 1-4 Wochen unter Zuhilfenahme von Weißschimmel und ggf. Rotschmiere Brie, Camembert, Munster, Romadur u.a. erzeugt.

• Halbfester Schnittkäse:
Über mehrere Wochen gereifter Käse, wie z.B. Roquefort oder Butterkäse.

• Fester Schnittkäse:
Lange gereifter Käse, wie z.B. Edamer oder Gouda.

• Hartkäse:
Sehr lange (bis zu 2 Jahren) gereifter Käse, wie z.B. Bergkäse oder Emmentaler.

Bekannte Klassiker aus Schafmilch sind der französische Roquefort, der italienische Pecorino oder der griechische Feta. Diese und weitere ausländische Käsesorten werden im deutschen Handel schon häufig angeboten.
Die in Deutschland hergestellten Ziegen- und Schafmilchkäse nimmt der Handel bisher seltener auf, da hier die vielen kleinen Betriebe keine so großen Käsemenge in Standardqualität produzieren können.

	Wassergehalt in der fettfreien Käsemasse (%)	Benötigte Milchmenge für 1 kg Käse (Liter)	
		Ziegenkäse	Schafskäse
Hartkäse	56 und weniger	11,0	8,5
Schnittkäse	54 bis 63	10,0	7,0
Halbfester Schnittkäse	61 bis 69	9,5	6,0
Weichkäse	67 bis 76	9,0	5,5
Frischkäse	73 bis 87	7,0	4,5

In den jeweiligen Erzeugungsgebieten werden die heimischen Ziegen- und Schafmilchprodukte zumeist in Naturkostläden, gelegentlich im Einzelhandel, auf Wochenmärkten oder ab Hof angeboten. **Ziegenbutter** wird aufgrund der geringen Aufrahmung der Ziegenmilch und der geringen Ausbeute nur wenig hergestellt - von Feinschmeckern aber gerne nachgefragt.

Pfanne mit Schaf- und Ziegenwurst

Köstliche Fleisch- und Wurstprodukte von Schaf und Ziege

Der jährliche Verzehr von Schaflamm- und Ziegenkitzfleisch (Im süddeutschen und alpinen Raum ist vorwiegend der Begriff "Ziegenkitz" üblich; in Norddeutschland heisst dieses meist "Ziegenlamm") liegt zwar im deutschsprachigen Raum mit ca. 1,2 kg je Kopf vergleichsweise niedrig, zeigt aber eine kontinuierlich steigende Tendenz. Nur sehr langsam haben die Bürger hierzulande wahrgenommen, dass die Schafhaltung heute nicht mehr das streng schmeckende Hammelfleisch, sondern ausschließlich das wohlschmeckende Lammfleisch von jungen Tieren liefert. Das wertvolle und geschätzte Lammfleisch aus der heimischen Ziegen- und Schafhaltung wird fast ausschließlich als Frischware angeboten und weist beste Qualitätskennzeichen auf. Die Lämmer werden bevorzugt auf den Weiden gehalten, die sich von der Nordseeküste über die Mittelgebirge bis in die Alpenregionen erstrecken. Die artgerechte Aufzucht und Haltung, die natürliche Futtergrundlage sowie die richtige Zuchtauswahl und Frische sind Voraussetzung für ein angenehm aromatisches, saftiges und zartes Fleisch, so wie es der Kenner wünscht. Ein Großteil des Lammfleisches gelangt jedoch auch nach längeren Transportzeiten als Tiefgefrierware aus dem Ausland in die deutsche Küche.

Ziegen- und Schaflammfleisch zeichnet sich nicht nur durch den hohen Genußwert aus, es trägt auch zu einer ausgewogenen, modernen Ernährung bei. Neben dem vorteilhaften Fleisch-Fett-Verhältnis enthält das Lammfleisch auch unentbehrliches Eiweiß sowie lebenswichtige Vitamine, Mineralstoffe sowie Spurenelemente und ist cholesterinarm. Somit zählt Lammfleisch zu den hochwertigsten Fleischarten. Diätküchen greifen daher gerne vor allem auf Ziegenlammfleisch

zurück. Schaflamm- und Ziegenlammfleisch unterscheidet sich in einigen
wesentlichen Punkten: Schaflämmer sind
bei der Schlachtung schwerer (40-45 kg)
und weisen meist einen etwas höheren
Fettanteil auf (bessere Grilleignung).

Ziegenlämmer werden spätestens mit ca.
25-30 kg als Fleischlieferant nachgefragt;
die Lämmer der Milchziegen sind meist
noch leichter. Gegenüber den wüchsigen
Schaflämmern haben die jungen Ziegen
eine geringere Fleischfülle. Natürlich
unterscheidet sich auch der Fleisch-
geschmack der beiden Tierarten und hier
hat jeder Verbraucher seine eigenen Vor-
lieben. Der Kenner weiß, dass ein nicht zu
hohes Alter der Tiere und ein gutes Stall-
klima für einen angenehmen Fleisch-
geschmack wichtig sind.

Die vielen edlen Teilstücke der Ziegen-
und Schaflämmer bieten eine vielseitige
Verwendung.
• Keule (Schlegel) ...
... ist besonders fleischreich und sollte
etwa 8 Tage abhängen, damit wird das
Fleisch besonders zart. Keule eignet sich
am besten zum Braten oder Schmoren als
Ganzes, portioniert auch für Steaks,
Spieße und Fondues.
• Rücken ...
... wird unterteilt in Kotelett und Lende,
(das hintere Stück). Der Lammrücken ist
ideal geeignet zum Braten, Kurzbraten
und Grillen.
• Schulter ...
... bietet sich an zum Schmoren, Braten
und für die Zubereitung von Rollbraten
oder in Würfel geschnitten als Ragout oder
Gulasch.
• Kamm, Hals, Brust und Dünnung ...
... sind gut geeignet für würzige Ragouts,
Gulasch oder Eintöpfe; ausgelöst auch als
Rollbraten mit allen anderen Teilstücken.

In Deutschland wird heimisches Schaflammfleisch bisher nur von wenigen
Metzgern und Märkten ständig angeboten. In türkischen oder griechischen
Lebensmittelgeschäften ist Lammfleisch
jedoch meist immer zu beziehen.
Zahlreiche Schaf- und Ziegenbetriebe
betreiben heute aber auch eine
Direktvermarktung ab Hof, wo meist ein

umfassendes Angebot verschiedenster Produkte vorliegt:

- Ganze, halbe oder viertel Tiere
- Zubereitungsfertige Teilstücke
- Ggf. auch Rauchfleisch
- Verschiedene Wurstwaren, wie Schinken- oder Bratwurst, Dauerwurst oder Salami. Frischfleisch ist tiefgekühlt 6-9 Monate haltbar.

Wolle - ein echtes Naturprodukt

Würde eines Tages berichtet, dass eine Textilfaser entdeckt worden sei, die unter freiem Himmel mit geringem Energieverbrauch und ohne gefährliche Abfallprodukte erzeugt werden kann, dazu noch in verschiedenen Feinheiten und Längen, so wäre sicherlich unser Interesse geweckt.

Würde weiterhin bekannt, dass die Faser leicht zu färben und mit anderen Fasern zu mischen sei, sie wärme- und feuchtigkeitsausgleichend, schmutz- und wasserabstoßend, schwer entflammbar, leicht zu reinigen und fast knitterfrei, wiederverwendbar und hundertprozentig biologisch abbaubar sei, würde man sicherlich von einer Wunderfaser sprechen. Aber genau solch eine hochwertige Faser gibt es bereits: die häufig viel zu wenig beachtete Schafwolle.

Die Wolle bringt dem Schafhalter seit etwa 50 Jahren kaum noch einen wirtschaftlichen Gewinn. Die Kunstfaser und Baumwolle, aber auch die Einfuhr von Qualitätswollen aus Übersee haben zu einem Preisverlust bei der deutschen Schafwolle geführt. Als typisches Weidetier, das oft ganzjährig, also auch im Winter, draußen gehalten wird, braucht das Schaf jedoch das schützende Wollkleid.

Jede Rasse hat ihre typische **Wollfeinheit** (Haardicke), die von nur 25-28 Mikron (1 Mikron = 1/1000 mm) der feinwolligen Merinoschafe bis hin zu 40 und mehr Mikron der grobwolligen Landschafe reicht. Menschenhaare sind dagegen meist etwa 2-4 mal dicker. Je nach Feinheit wachsen beim Schaf 5000-8000 Wollhaare auf einem Quadratzentimeter. Einmal im Jahr findet die **Schafschur** statt; meist im Mai vor der warmen Jahreszeit. Wer es schon einmal beobachtet hat, wird

Schafe nutzen den Futteraufwuchs in einem Flußtal

erkannt haben, dass das etwa 4-5 kg schwere Wollvlies nach der Schur noch wie eine Decke zusammenhängt - die unzähligen Haare und Strähnchen sind ineinander verwoben. Nach der Schur wird die Wolle gereinigt und weitestgehend vom Wollfett (Lanolin) und Schweiß befreit. Heute gibt es viele kleine oder mittelständische Wollwerkstätten, die sich auf eine Verarbeitung zu verschiedensten Produkten spezialisiert haben, so z.B. Pullover, Socken, Jacken, Kissen, Decken, Strickgarne oder kunsthandwerkliche Artikel. Aber auch die Baubranche hat Wolle als einen natürlichen Baustoff entdeckt.

Verfilzt eignet sich Wolle bestens als Isoliermaterial zur Dachdämmung und findet vor allem im ökologischen Bauen vermehrt Anwendung.
Seltener ist **Wolle von Ziegen** anzutreffen, die aber besonders fein und hochwertig ist. Da nur geringe Mengen Angorawolle (1,5 kg) oder Kaschmirwolle (200-300 g) gewonnen wird, sind Wolle und daraus gefertigte Textilien recht teuer.

Schaf- und Ziegenfelle - angenehm und dekorativ

Die gegerbten Schaf- und Ziegenfelle können im alltäglichen Leben für verschiedene Zwecke verwandt werden. Schaffelle haben sich als Unterlagen im Auto oder Wohnsessel, im Kinderwagen und besonders als antirheumatische Betteinlage bewährt. Je nach Verwendungszweck und Gerbeart sind sie auch waschbar. Nach dem Motto "Was gibt es Wärmeres als ein weiches kuschliges Lammfell" sind auch mit der Lederseite nach außen gefertigte Felljacken oder Mäntel begehrt. Diese Produkte sind aus echtem naturgewachsenen Lammfell.
Ziegenfelle dienen häufig als Vorleger oder als dekorativer Wandschmuck. Aufgrund der hohen Elastizität und Haltbarkeit wird besonders das Leder von Ziegen zu hochwertigen Waren verarbeitet.

Auf landwirtschaftlichen Ausstellungen erfreuen sich die Ziegen stets großer Beliebtheit bei den Besuchern

Landschaft - ein Produkt der Beweidung

Wie schon erwähnt, wird die Landschaftspflege durch die Beweidung mit unseren kleinen Wiederkäuern in den letzten Jahrzehnten zunehmend als wertvolle Dienstleistung erkannt. Etwa 350 000 ha werden in Deutschland, Österreich und der Schweiz durch Schafe und Ziegen instand gehalten. Dabei weist die Pflege mit Weidetieren gegenüber der maschinellen Pflege eindeutige ökologische Vorteile auf: nur durch den Tierverbiß können die typischen Artengesellschaften und Landschaftsbilder der durch Beweidung entstandenen Standorte erhalten werden. Aber auch aus ökonomischer Sicht wird das Weidetier als traditioneller Nutzer gegenüber der Pflegemaschine bevorzugt, da die Kosten einer Pflegebeweidung oft nur einen Bruchteil der maschinengebundenen Flächenpflege ausmachen. Insofern wird verständlich, dass sich auch der Naturschutz für die Förderung der Schaf- und Ziegenhaltung einsetzt.

Da es sich bei den zu pflegenden Standorten meist um ertragsarme Flächen in z.T. rauhen Klimalagen handelt, kommen hier nur Tierhaltungsverfahren und Rassen zum Einsatz, die entsprechend genügsam und robust sind, wie die Schafhaltung mit Merino-, Fleisch- oder Landrassen oder die Fleischziegenhaltung mit der Burenziege.

Oft sind bestimmte Landschaftstypen untrennbar mit bestimmten Schafrassen verbunden: die Lüneburger Heide ist in ihrer Einzigartigkeit ohne die Heidschnucke nicht zu erhalten, das Rhönschaf erlebt eine Wiederbelebung im Rahmen des Biosphärenreservats Rhön, die Merinolandschafe prägen seit langer Zeit das Bild der Schwäbischen Alb mit ihren südlich anmutenden Wacholderheiden, in den Alpen nutzen und pflegen Bergschafe und verschiedene Höhenziegenrassen einen großen Anteil der grünen Almen.

Ziegen im Naturschutzgebiet Teckberg (Schwäb. Alb) als Landschaftspfleger

Ziegen und Schafe werden in der Landschaftspflege meist mit unterschiedlichen Zielen eingesetzt. Das vorwiegend grasfressende und oft in großen Herden gehaltene Schaf pflegt vorrangig die weiten Fluren mit niedergewachsener Vegetation. Die Ziege hingegen, die meist nur in kleinen Herden gehalten wird und besonders gern Strauchwerk verbeißt, vermag in hervorragender Weise verbuschte Biotope wieder zu öffnen.

Wenn auch die Landschaftspflege mit Ziegen und Schafen in jeder Hinsicht zu begrüßen ist, so kann es für den Tierhalter nicht immer ganz leicht sein unter den Bedingungen am Pflegestandort ein hinreichendes Einkommen mit seinen Tieren zu erwirtschaften. Der meist knappe Futteraufwuchs, der oft höhere Arbeitseinsatz sowie die häufig zu berücksichtigenden Beweidungsauflagen können den

wirtschaftlichen Erfolg der extensiven Tierhaltung in der Landschaftspflege empfindlich schmälern. So werden vielerorts Pflegeprämien im Rahmen des Vertragsnaturschutzes gezahlt, um auf diesem Wege die Schaf- und Ziegenhalter zu fördern und in ihrer Existenz zu sichern. Denn eines ist inzwischen allen Seiten klar: die Erhaltung und Pflege unserer Kulturlandschaft ist dauerhaft nur über eine rentable Tierhaltung möglich.

In den letzten Jahren haben in verschiedenen Regionen Schafhalter, der Naturschutz sowie die Gastronomie regionale Markenqualitätsprogramme für Lammfleisch entwickelt, die dem Verbraucher die eindeutige Qualität des in den Natur- und Landschaftsschutzgebieten gewachsenen Fleisches garantieren. Altmühltallamm, Alblamm, Rhönlamm, Bergwinkellamm sind nur einige Beispiele dafür.

Eine Merinoherde wird auf einem Magerrasen gehütet

Prof. Dr. Stanislaus von Korn
Frank Lamprecht / Curriculum Vitae

Prof. Dr. Stanislaus v. Korn wurde am 30. Mai 1953 in Nordheim geboren und stand schon seit frühen Jahren mit der Landwirtschaft in Verbindung. Er studierte Agrarwissenschaften an der Universität Göttingen und promovierte hier auch 1986 im Fachgebiet Tierzucht. Im Göttinger Institut für Tierzucht und Haustiergenetik leitete Prof. Dr. v. Korn lange das Fachgebiet Internationale Tierzucht und beschäftigte sich auch zunehmend mit den kleinen Wiederkäuern.

Seit 1991 vertritt Prof. Dr. v. Korn das Lehrgebiet Tierzucht und Tierhaltung an der Fachhochschule Nürtingen. Seine Lehr- und Forschungsgebiete umfassen neben weiteren Schwerpunkten die Zucht von Schafen und Ziegen, deren Produkte (Milch, Fleisch) sowie die Bedeutung beider Tierarten in der Landschaftspflege. Prof. Dr. v. Korn ist Autor verschiedener Fachbücher und wissenschaftlicher Publikationen und engagiert sich auch mit zahlreichen Vorträgen seine Erkenntnisse weiterzugeben.

Der Mitautor ist am 17.03.1968 in Rottweil geboren und lebt in Oberndorf am Neckar. Nach der Ausbildung als Ver- und Entsorger folgten verschiedene Tätigkeiten und Praktikas bei Naturschutzverbänden und in der Landwirtschaft. Danach schloss sich ein Studium der Agrarwirtschaft mit dem Schwerpunkt der Kulturlandschaftspflege an der Fachhochschule Nürtingen an. Hier arbeitete er als Assistent in Projekten zum Thema "Einsatz von Ziegen in der Landschaftspflege" und "Zukunftsfähigen Tierhaltungssystemen im Bereich Hohenlohe". Sowohl bei beruflichen, als auch bei ehrenamtlichen Tätigkeiten (z.B. beim NABU Naturschutzbund Deutschland) spielt die Kombination von Naturschutzzielen und Vermarktung von hochwertigen Produkten aus der Landwirtschaft eine wichtige Rolle. So hält Herr Dipl.-Ing. agr. Lamprecht auch eigene Ziegen, die in der Landschaftspflege innerhalb von Naturschutzgebieten eingesetzt werden.

Prof. Dr. von Korn

F. Lamprecht, Dipl.-Ing. agr.

Prof. Dr. von Korn
Fachhochschule Nürtingen
Neckarsteige 6-10
72622 Nürtingen

Frank Lamprecht
Fachhochschule Nürtingen
Neckarsteige 6-10
72622 Nürtingen

adam & partner · oberboihingen

So vielfältig wie die Landschaft in und um Stuttgart ist unser Wein:

Klassischer Riesling,

würziger Kerner,

vollmundiger Trollinger,

ausdrucksvoller Lemberger

oder samtiger Spätburgunder -

bei uns finden Sie Erstklassiges.

Wein- und Sektgut
Fritz Currle
Besenwirtschaft
"Zum Dreimädelhaus"

Tiroler Strasse 11 · 70329 Stgt.-Uhlbach
Tel. 0711 / 322451 · Fax 0711 / 3280841

Weinverkauf:
Mittwoch und Donnerstag 17 bis 19 Uhr
Freitag 15 bis 19 Uhr
Samstag 9 bis 12 Uhr
oder nach Vereinbarung

Dr. Nicolai Worm

Die Ziege - ernährungsphysiologische Bedeutung Ihrer Produkte

Die Ziege wurde vom Menschen früher domestiziert, als Rinder oder Schafe. Ziegenfleisch und Ziegenmilch haben also schon eine sehr alte Tradition in der Ernährung des Menschen. Dennoch - wer heute "Fleisch" hört, denkt wahrscheinlich zuerst an Rind-, Kalb- oder Schweinefleisch und beim Begriff "Milch" oder "Milchprodukte" an Kuhmilch.

Tatsächlich konsumieren aber global betrachtet auch heute noch mehr Menschen Ziegenmilch als Kuhmilch! Die etwa 460 Millionen Ziegen auf der Welt produzieren etwa 4,8 Millionen Tonnen Milch im Jahr und liefern etwa 1,2 Millionen Tonnen hochwertiges Fleisch für die Menschen. Somit sind Ziegenprodukte von erheblicher wirtschaftlicher Bedeutung und wenn sie in diesem Maße konsumiert werden, sollte ihre ernährungsphysiologische Bedeutung nicht unbeachtet bleiben.

Fleisch und Milch in der Entwicklungsgeschichte der Menschen

Die Menschheit hat sich mit größter Wahrscheinlichkeit in Afrika entwickelt. Vor etwa 7 Millionen Jahre zweigte sich dann der Stammbaum der Primaten in die Linie der Menschenaffen und die der Hominiden auf. Wir stammen also nicht von den Affen ab, wohl haben wir aber gemeinsame Vorfahren. Vor etwa 4 bis 5 Millionen Jahren begann die Zeit der Australopithecinen. Das sind die Vorfahren, die bis vor etwa zweieinhalb Millionen Jahren überwiegend in den Bäumen des Regenwalds lebten und sich von Früchten und Blättern ernährten. Sie sahen in der Tat auch noch sehr affenartig aus. Im Laufe der Jahre hatten sie sich in mehrere Linien aufgezweigt. Aus einer ist dann der Homo, der Urmensch, hervorgegangen. Die anderen sind ausgestorben.

Vor etwa zwei bis drei Millionen Jahren brachte eine Eiszeit drastische klimatische Veränderungen. Es wurde trocken und riesige Flächen des Regenwaldes nördlich und südlich des Äquators wandelten sich in eine Mischvegetation aus Wald, Busch, Savanne und Steppe. Viele unserer Vorfahren mussten sich von dem fruchtbaren Regenwald trennen und mit weit kargeren Lebensbedingungen in den zerklüfteten Randgebieten vorlieb nehmen. Das hatte natürlich auch Folgen für die Nahrungsauswahl. Pflanzliche Kost wurde knapper und wahrscheinlich wurden ab dieser Zeit die kleiner werdenden Obst- und Grünzeugportionen mit ein wenig Kleingetier, wie Maden, Würmer und Echsen ergänzt.

Vor etwa 2,3 Millionen Jahren tauchte dann endlich der erste direkte Vorfahr des Menschen auf, der Homo habilis. Er war etwa ein Meter dreißig bis ein Meter vierzig groß und wog 35 bis 40 Kilo. Auf Grund seiner geringen Größe, seinem Mangel an effektiven Jagdwaffen und wegen seines sicherlich wenig ausgeklügelten Sozialverhaltens, kann man ausschließen, dass er sich an große Tiere herangewagt hat. Vielmehr wird er sich weitgehend an Kleingetier gütlich getan haben, das er ohne größere Probleme fangen konnte.

Vor etwa 1,7 Millionen Jahren erschien der Homo erectus auf der Bildfläche. Er hatte Steinwerkzeuge und war handwerklich schon entsprechend geschickt. Aber mit Fortschreiten der Eiszeit wurde die Nahrung immer knapper. Es blieb diesen Vormenschen nichts anderes übrig, als vermehrt umherzuziehen, um überhaupt noch etwas Essbares zu finden. Das Sammeln und Verzehren von Aas dürfte auch nicht mehr ausreichend gewesen sein - schließlich war ja auch die Bevölkerungsdichte angestiegen. Hunger treibt einen bekanntlich nicht nur um, sondern macht auch sehr erfinderisch. Und nachdem unsere Vorfahren zu diesem Zeitpunkt schon an Hirnkapaziät zugelegt hatten, konnten sie sich mit intellektuellen und mechanischen Waffen dieser Situation stellen. Als einzige Lösung blieb das aktive Jagen von Beutetieren.
Bald bemerkte man, dass große Tiere nicht nur mehr "Fleisch", sondern vor allem auch höhere Körperfettanteile

haben, als kleine. Um so mehr lohnte sich das Jagen: Man konnte sich damit für seinen müheseligen Einsatz an Zeit, Kraft und Mut satter essen und mehr Energie tanken als beim Verzehr von Kleingetier. Und es blieb auch noch mehr für die anderen übrig. Fleisch als Nahrungsergänzung wurde also im Laufe der Zeit immer wichtiger. Der Hunger nach nahrhaftem Fleisch war offenbar ein stärkerer Antrieb, als die Heimatverbundenheit. Homo erectus ist den großen Tieren gefolgt und auf diese Weise in weit entlegene Gebiete und sogar bis nach Europa und Asien vorgestoßen.

Um 125 000 bis 10 000 vor Christus herrschte die letzte Eiszeit. Dies hatte wiederum sowohl in Afrika, aber vor allem in Europa dramatische Konsequenzen für das Überleben. Die Menschen mussten sich rapide an das rauhe Klima anpassen. Die tierische Nahrung wurde mangels pflanzlicher Kost noch wichtiger. Um den größtmöglichen Nutzen von seinem Einsatz zu erhalten, wurde bevorzugt großen Säugetieren nachgestellt. Kein Wunder, dass diese Tiere damals reihenweise ausstarben. Immer mehr Menschen zogen auch an die Küsten und mit dem Erfinden von Netzen, Harpunen und ähnlichen Gerätschaften wurde vermehrt Fisch und die vielen anderen Meeresfrüchte als Nahrungsmittel entdeckt.

Die Zeit zwischen 40 000 und 10 000 vor Christus ist die eigentliche "Steinzeit". In dieser Periode streiten sich Homo sapiens und der Neanderthaler um die Vormachtstellung in Europa. Wer sich durchgesetzt hat, wissen wir. Man lebte natürlich weiterhin von Wild und wilden Pflanzen, wobei in den kalten Jahreszeiten Pflanzen in den weiträumigen Steppenlandschaften sehr knapp gewesen sein dürften. Die Cro-Magnons in Europa stellten deshalb mit Vorliebe den größten Tieren nach, damit es sich wirklich lohnte, am liebsten gleich einem Mammut, einem Bison oder wenigstens einem Elch. Während der Steinzeit wurde endlich auch eine sehr effektive Jagdwaffe erfunden: der Pfeil und Bogen. Damit konnte man die schnellsten Tiere, wie Antilopen und Gazellen auch noch aus größerer Distanz erlegen. Inzwischen gibt es auch keinen Zweifel mehr, dass man sich gerne zwischendrin an Menschenfleisch gütlich tat, am liebsten am muskelbepackten fleischreichen Neanderthaler. Ab 10 000, in der späten Steinzeit, entwickelte sich langsam der organisierte Ackerbau. Geplantes Produzieren war notwendig geworden, da mit dem rasch ansteigenden Bevölkerungswachstum althergebrachtes Jagen und Sammeln dem großen Hunger nicht mehr abgeholfen hätte. Außerdem waren ja mit dem Ende der Eiszeit viele der großen Landtiere ausgestorben - Wildfleisch war knapp.

Dafür gediehen bei dem sich erwärmenden Klima immer mehr essbare Pflanzen. Im Nahen Osten erlernte man das Anbauen von Getreide, das bald zum Grundnahrungsmittel der Menschen wurde und sich von dort während der nächsten Jahrtausende über Griechenland und Italien nach Mitteleuropa verbreitete. Auch der Anbau von Früchten, Gemüsen und Nüssen wurde im Nahen Osten zuerst kultiviert. Um 9 000 fing man zusätzlich an, Schafe und Ziegen, etwas später, Rinder und Schweine zu halten.
Die Verwendung der Milch von Tieren für erwachsene Menschen als hochwertiges Lebensmittel wurde in Europa und Afrika erst vor etwa viertausend Jahren entdeckt und mit der Zeit beinahe über die ganze Welt verbreitet.

Ziegenprodukte heute
Ziegen wurden traditionell als Milch- und Fleischlieferant vor allem in trockenen und kargen Gebieten gehalten. Aber inzwischen erfreut sich die Ziegenhaltung auch in unseren fruchtbaren Gegenden steigender Beliebtheit. Sowohl das Fleisch von Ziegenlämmern als auch Ziegenkäse gelten zurecht nicht nur bei ausgewiesenen Feinschmeckern als Delikatesse. Ernährungsbewußte Verbraucher sehen vor allem im Ziegenfleisch eine gesündere Alternative zu herkömmlichen Produkten.

Ernährungsphysiologische Bedeutung von Ziegenfleisch

Alle Fleischarten, ob vom Rind, Schwein, Lamm, Geflügel oder eben auch von der Ziege liefern sehr hochwertiges Eiweiß, das heißt essentielle Aminosäuren in günstiger Menge und Relation zueinander. Im Fleischfett finden sich auch die essentiellen, mehrfach ungesättigten Fettsäuren. Wenn die Tiere noch auf Steppen, Wiesen oder im Wald weiden, wie es für die Ziegen zumeist der Fall ist, enthält Fleischfett generell mehr ungesättigte Fettsäuren als Tiere aus intensiver Stallhaltung. Vor allem enthält es dann mehr von den besonders wichtigen hoch ungesättigten Omega-3-Fettsäuren. Heute findet man tatsächlich diese Omega-3-Fettsäuren in nennenswerter Menge nur noch bei Wild oder bei Weidehaltung domestizierter Tiere und natürlich bei Seefisch.

Im Fleischfett von Wiederkäuern, also auch bei der Ziege, ist darüber hinaus eine ganz besondere ungesättigte Fettsäure enthalten: In der Fachsprache heißt sie CLA, was die Abkürzung von "Conjugated Linolenic Acid" (Konjugierte Linolsäure) ist. Ihr werden besonders positive physiologische Wirkungen nachgesagt: krebshemmend, antioxidativ, Förderung des Wachstums von Muskeln und Knochen und Minderung der Fetteinlagerung. Es wurde festgestellt, dass die Bildung von CLA durch die Fütterung beeinflußt werden kann. Die Weidefütterung führt zu höheren Gehalten dieses Fettsäuretyps im Fett von Wiederkäuern als die beispielsweise Maissilage.

Eine herausragende Bedeutung hat Fleisch natürlich auch als Quelle für die Vitamine B1, B2, B6 und B12. Als B1-Lieferant ist das Schweinefleisch sogar der absolute Spitzenreiter unter allen natürlichen Nahrungsmitteln. Nach neuen Erkenntnissen muss Fleisch nunmehr auch als eine der wichtigsten Vitamin D-Quellen, in etwa vergleichbar mit Fisch, eingestuft werden! Denn eine bestimmte Form des Vitamin D, das in Fleisch in relativ hohen Konzentrationen vorkommt, das sogenannte 25-Hydroxy-Vitamin D, wirkt schätzungsweise fünf mal potenter, als "normales" Vitamin D, das man bislang alleine berücksichtig hatte.

Außerdem ist Fleisch eine herausragende Zink- und Eisenquelle. Das erklärt sich nicht nur aus dem hohen Gehalt, sondern vor allem durch die hohe Verfügbarkeit. Das Verdauungssystem des Menschen kann aus Pflanzen gerade auch Eisen und Zink in wesentlich geringerem Umfang aufnehmen. Schließlich enthält Fleisch noch Magnesium, Chrom und Kupfer in nennenswerter Menge.

Gerade der modische Trend unter der jungen Bevölkerungsschicht, fleischarme, kohlenhyratreiche Kost als "Fitnessernährung" zu deklarieren und speziell die Marrotte junger Frauen, möglichst wenig Fleisch zu essen, hat sich als problematisch erwiesen. Bei diesen Menschen findet man eine ungenügende Zink- und Eisenversorung relativ häufig und selbst Mangelzustände sind bei diesen Bevölkerungsgruppen nicht selten. Nachdem Fleisch von allen Lebensmitteln die beste Zink- und Eisenquelle ist, bietet es sich an, zur Sicherstellung entsprechende Fleischportionen regelmäßig in den Ernährungsplan aufzunehmen.

Vorurteile statt Fakten
Einige Vertreter der Ernährungswissenschaft haben in den letzten Jahren in Deutschland den Konsum von Fleisch wiederholt als "Risikofaktor" für die Gesundheit, speziell für Herz-Kreislauferkrankungen bezeichnet. Seit einigen Jahren wird von Ernährungsberatern häufig die Empfehlung abgegeben, nur noch 2-3 Fleischmahlzeiten pro Woche einzunehmen. Begründet wird diese Einschätzung üblicherweise mit dem Hinweis, dass Fleisch sehr fettreich sei und damit zum Übergewicht beitrage. Außerdem sei es eine wesentliche Quelle für Cholesterin und "tierische", bzw. "gesättigte" Fette, was zusätzlich das Risiko für Herz-Kreislauferkrankungen erhöhen würde. Und schließlich wird seit einigen Jahren die These verbreitet, dass Fleisch im Allgemeinen und "rotes Fleisch" im Speziellen das Risiko für Darmkrebs erhöhen würde.

Nachdem diese Aussagen von den Medien meist unkritisch übernommen wurden, konnte sich in der Bevölkerung der Glaube verbreiten, dass Fleischverzehr tatsächlich als "gesundheitlich bedenklich" zu betrachten sei. Und so wurde bereitwillig der Umkehrschluss gezogen, dass weniger Fleisch ein "Mehr" an Gesundheit bedeuten würde. Als Beleg für den Vorteil einer fleischarmen Kost werden üblicherweise Studien an Vegetariern zitiert, die eine niedrigere Erkrankungsrate und entsprechend eine geringere Sterblichkeit bzw. eine höhere Lebenserwartung aufweisen würden. Doch geht diese Argumentation tatsächlich weit an Tatsachen vorbei:
Fleisch ist durch Züchtungs- u. Haltungsmaßnahmen in den letzten Jahrzehnten zu einem sehr fettarmen Nahrungsmittel geworden. So liefern 100 g Schweineschnitzel ohne sichtbare Fettabschnitte nur 2 Gramm Fett. Mageres Ziegenfleisch liegt mit rund 1,2-2 Gramm sogar noch darunter. Magere Fleischportionen können deshalb selbst in streng fettarme Ernährungsformen eingebaut werden.

Wenig bekannt ist auch, dass Fleischfett keinesfalls als "überwiegend gesättigtes" Fett eingeordnet werden kann. Tatsächlich enthält Schweinefett ca. 60% ungesättigte Fettsäuren und Geflügelfett etwa 70% davon. Selbst das Rinderfett enthält noch ca. 50% ungesättigten Fettsäuren. Ein Fett mit überwiegendem Gehalt an ungesättigte Fettsäuren, wie das Geflügel- oder Schweinefett, wirkt deshalb nachweislich als "cholesterinsenkendes" Fett.

Eine Vielzahl von Langzeitbeobachtungsstudien an mehrerern hunderttausend Menschen hat überprüft, ob ein erhöhtes Herz-Kreislaufrisiko für den Konsum von tierischem Fett belegt werden kann. Bisher gibt es keine Studie, die dies als Ergbnis hatte - man findet das Risiko nicht. Selbst die Frage, ob die "gefürchteten" gesättigten Fettsäuren ein Herzinfarktrisiko seien, wurde in 19 von den 22 bisher durchgeführten Langzeitbeobachtungsstudien negativ beschieden.
Ein Grund der Verunsicherung beim Verbraucher ist häufig der Cholesteringehalt von Nahrungsmitteln. Wie alle Produkte enthält auch Fleisch Cholesterin - etwa 60 mg pro 100 Gramm. Doch ist viel zu wenig bekannt, dass das Nahrungscholesterin auf den Cholesterinspiegel im Blut keinen oder nur einen minimalen, d.h. völlig unerheblichen Einfluß hat.

Das liegt einerseits daran, dass im Mittel nur etwa 50% des Nahrungscholesterins vom Darm in die Blutbahn aufgenommen wird. Die Höhe der Cholesterinresorption ist genetisch festgelegt und kann individuell allerdings zwischen 20 und 80% schwanken. Cholesterin ist aber eine lebenswichtige Substanz und so erklärt sich, dass der Körper sich von der Zufuhr unabhängig macht: Der mit Abstand größte Anteil des im Körper zirkulierenden Cholesterins wird von den Körperzellen selbst hergestellt. Bei hoher Zufuhr von außen wird dann im gesunden Stoffwechsel die Eigensynthese entsprechend gedrosselt und die Ausscheidung angekurbelt, um sich gegen eine Überdosis zu schützen.

Steigende Beliebtheit kommt der Unterscheidung zwischen "weißem" und "rotem" Fleisch zu. "Weißes" Fleisch ist beispielsweise Kaninchen und Geflügel. Unter "rotes" fällt neben Rind, Kalb und Schwein natürlich auch das Ziegenfleisch. Ersteres sei "gesund", zweiteres hingegen als "ungesund" zu meiden. Aber was bringt es nun tatsächlich, anstelle von "rotem" lieber "weißes" Fleisch zu konsumieren?
Über Geschmack lässt sich bekanntlich schlecht streiten. Aber cholesterinmäßig tut sich gar nichts! Bereits Anfang der 90er Jahre hatte man in zwei kontrollier-

ten Stoffwechselstudien am Menschen belegt, dass man mit magerem Rindfleisch als Bestandteil einer insgesamt fettarmen Kost eine Senkung des "bösen" LDL-Cholesterinspiegels erreichen kann. Es wurde weiterhin auch belegt, dass der Verzehr von Geflügel oder Fisch keinesfalls "effektiver" wirkt. Zu fast gleichen Ergebnissen kommt eine neue Studie der Universität von Laval (Kanada). Die Wissenschaftler des dortigen Instituts für Ernährungswissenschaft hatten bei Patienten mit erhöhten Cholesterinspiegeln die Effekte einer Rindfleisch-Diät mit der einer Geflügel- und Fisch-Diät verglichen. Aber ob "weiß" oder "rot", mit beiden Proteinquellen gelang eine vergleichbare Senkung des Gesamt- und des LDL-Cholesterinspiegels. Nur bei Fisch blieb das LDL-Cholesterin unverändert.

Und schließlich wurde diese Frage "weiß" oder "rot" kürzlich noch einmal unter praxisnahen Bedingungen an der John Hopkins Universität in Chicago auf den Prüfstand gestellt: Der Studienleiter, Dr. Michael Davidson, hatte 202 Männer und Frauen mit erhöhten Blutcholesterinwerten (höher als 235 mg/dl) nach Zufallskriterien in zwei Gruppen eingeteilt. In beiden Gruppen gab es 36 Wochen lang die berühmte "Stufe 1 Diät", wie sie von der Amerikanischen Gesellschaft für Herzmedizin oder auch der Deutschen Gesell-

schaft für Ernährung empfohlen wird: höchstens 30% Fett, davon höchstens ein Drittel gesättigte Fettsäuren und höchstens 300 Milligramm Nahrungscholesterin am Tag. In diese Diät waren an fünf bis sieben Tagen der Woche ordentlich "Fleischportionen" eingebaut, wobei der entscheidende Unterschied zwischen beiden Gruppen in der Fleischsorte lag: Die eine musste bzw. durfte pro Tag 170 Gramm "rotes" Fleisch, also Rind-, Kalb-, Lamm- oder Schweinefleisch essen, während die andere dazu verpflichtet war, die gleichen Mengen als Geflügel und Fisch zu verköstigten. Das Ergebnis: In beiden Gruppen sank das "böse" LDL und stieg das "gute" HDL in absolut vergleichbarer Weise.

Was bringt es im Cholesterinstoffwechsel, bei Einhaltung der so gern geforderten fettarmen Kost, auch noch zusätzlich das Fleisch einzuschränken? In einem Forschungszentrum des amerikanischen Landwirtschaftsministeriums wurde eine fleischreiche (insgesamt 20% Protein) mit einer fleischarmen Kost (insgesamt 10 Prozent Protein) verglichen. Beide Kostformen lieferten nur 29 bzw. 28 Prozent Fett. Unter fleischreicher Kost stellten sich höhere HDL- und niedrigere Triglyceridspiegel ein. Hingegen war beim Gesamt- und LDL-Cholesterin kein Unterschied zu erkennen.

Mageres Rindfleisch braucht selbst den Vergleich mit dem angeblich so "gesunden" Sojaeiweiß nicht scheuen, wie man an der Deakin Universität in Australien kürzlich festgestellt hat. Sojaeiweiß enthält nicht nur mehr ungesättigte Fettsäuren als Fleisch, sondern auch noch Pflanzenhormone, die sogenannten Phytosterole, die den Cholesterinspiegel unabhängig von den Fettsäuren senken können. In der Studie hatte man eine Rindfleisch- gegen eine Tofu-Diät getestet, wobei beide Kostformen in der Nährstoffzusammensetzung absolut identisch waren. Nur die Proteinquellen unterschieden sich. Täglich gab es 150 Gramm Rindfleisch. Um auf den gleiche Proteingehalt zu kommen, musste man in der anderen Gruppe täglich 290 Gramm Tofu essen. Das Ergebnis: Die Soja-Kost konnte das LDL und die Triglyceride etwas stärker senken. Jedoch traf es auch das HDL. Die Rindfleischkost hingegen ließ das HDL ansteigen. Im Endeffekt lag der Quotient von Gesamt- zu HDL-Cholesterin mit Rindfleisch günstiger als mit Tofu.

Daraus folgt: Alle bisher vorliegenden Untersuchungen weisen entsprechend darauf hin, dass eine fleischreiche Kost keinesfalls das Einhalten einer cholesterinsenkenden Diät verhindert. Dabei macht es bezüglich des Cholesterinstoffwechsels offensichtlich keinen Unterschied,

ob "rotes" oder "weißes" Fleisch konsumiert wird, solange der Fettgehalt entsprechend niedrig ist. Magere Teilstücke von Ziegen-, Lamm-, Rind-, Kalb- oder Schweinefleisch mit Fettgehalten im Bereich von 1-3% sind deshalb nicht nur als adäquates Nahrungsmittel für eine cholesterinbewußte Ernährungsweise, sondern sind darüber hinaus auf Grund der hohen Nährstoffdichte als besonders empfehlenswert einzustufen. Die häufig abgegebenen pauschalen Empfehlungen, insbesondere den Konsum von "rotem" Fleisch einzuschränken, entbehren jeglicher wissenschaftlichen Begründung. Aber sie mindern die Lebensqualität der Menschen, da sie eine drastische Umstellung ihrer Ernährungsgewohnheiten erfordern.
In der Vergangenheit wurde gelegentlich ein Zusammenhang zwischen Fett bzw. gesättigten Fettsäuren und Darm- bzw. Brustkrebs postuliert. Dieser Verdacht ist inzwischen hinreichend widerlegt. Auch für den Konsum von "rotem" Fleisch finden sich einige wenige Studien aus den USA, die auf einen Zusammenhang zu Darmkrebs hinweisen. Andererseits zeigt die große Mehrheit aller Studien, vor allem die aus Europa, dass der Verdacht unbegründet ist, da keine Zusammenhänge gefunden werden. Von letzteren Studien ist leider selten etwas in den Medien zu lesen bzw. zu hören.

Inzwischen steht nicht mehr das Fleisch an sich im Interesse der Krebsforscher - sofern tatsächlich ein Risiko existiert - sondern Begleitstoffe, welche durch falsche Zubereitungstechniken entstehen können: beispielsweise scharfes Durchbraten oder scharfes Grillen. Bei schonenden Garmethoden wie Kochen, Dünsten, mildes Braten etc. enstehen keine bedenklichen Stoffe.

In der ganzen Diskussion um Fleischkonsum und Krebs ist ein besonders wichtiger Punkt zu bedenken: Das Gemüse. Hoher Gemüsekonsum scheint vor Darmkrebs zu schützen. Für viele Fleischliebhaber ist aber merkwürdigerweise Gemüse und Salat etwas zum Davonlaufen. In einer großen schwedischen Studie wurde beispielsweise kürzlich belegt, dass dort mit steigendem Fleischkonsum die Zufuhr von Ballaststoffen und verschiedenen Vitaminen signifikant abnimmt. Das wird in Deutschland und in der Schweiz und vielen anderen Ländern Mittel- und Nordeuropas genau so sein. Es ist somit denkbar, dass das angebliche Krebsrisiko durch Fleischverzehr viel mehr das Risiko eines zu geringen Obst- und Gemüseverzehrs widerspiegelt.

Aber hoher Gemüseverzehr und hoher Fleischverzehr schließen sich keinesfalls gegenseitig aus. Gute Beispiele dafür geben die Mittelmeeranwohner, vor allem die Spanier und Franzosen: In diesen Ländern konsumieren die Bürger im Schnitt etwa 112 bzw. 107 Kilogramm Fleisch pro Kopf und Jahr - das ist bei weitem der höchste Fleischkonsum in Europa. Deutschland liegt bei etwa 89 Kilogramm, Italien und Griechenland bei etwa 88. Dennoch wird in den Mittelmeerländern gleichzeitig etwa doppelt so viel Obst und Gemüse verzehrt als bei uns. Die Darmkrebsraten sind dort wesentlich niedriger als bei uns und die Herz-Kreislauferkrankungen am niedrigsten von allen westlichen Industriestaaten.

In England hingegen ist der Fleischkonsum mit etwa 77 Kilogramm sehr viel niedriger als in Frankreich, aber die Darmkrebsrate etwa gleich hoch. Und besonders bemerkenswert: In England ist der Konsum von "rotem" Fleisch zwischen den 60er und den 90er Jahren um 25 Prozent gesunken, während in der gleichen Zeit die Darmkrebsrate um 50 Prozent angestiegen ist! Wundersam? Nein, ich denke nicht, denn der Verzehr an Gemüse und Salat hatte in England auch drastisch abgenommen. Das so "gesunde" weiße Geflügelfleisch wurde stattdessen vermehrt konsumiert. Der weltberühmte englische Krebsforscher Michael Hill fordert seine Landsleute deshalb auf, es den Mittelmeeranrainern gleich zu tun: Viel Obst und Gemüse essen, dann könnten sie auch ohne Bedenken viel Fleisch essen.

Aber leben Vegetarier nicht trotzdem gesünder? Immer wieder heißt es, dass Fleischverzicht gesund sei. Doch unterscheiden sich die Vegetarier in unserer Gesellschaft nicht nur im Fleischverzicht, sondern gleichfalls in vielen anderen Bereichen des Lebensstils und der Ernährung von den Durchschnittsbürgern: u.a. sind sie schlanker, körperlich aktiver, rauchen weniger, haben eine bessere Schul- und Berufsbildung und entstammen einer höheren Sozialschicht und sie essen mehr Obst und Gemüse. Es würde verwundern, wenn sich ihre gesunde Lebensführung nicht in meßbaren Gesundheitsvorteilen niederschlagen würde. Wenn man jedoch Vegetarier mit "gesundheitsbewußten Fleischessern" vergleicht, finden sich praktisch keine Unterschiede in der Gesundheit.

Ernährungsphysiologische Bedeutung von Ziegenmilch

Die Ziegenmilch ist im Prinzip in der Zusammensetzung der Kuhmilch recht ähnlich. Im Schnitt enthält sie in 100 Gramm etwa 3,6 Gramm Eiweiß, 4,1 Gramm Fett, 4,5 Gramm Milchzucker und etwa 0,8 Gramm Mineralstoffe. Manche Rassen liefern aber eine wesent-

lich fettärmere, andere wiederum eine weitaus fettreiche Milch. Auch gibt es je nach Haltungs- bzw. Fütterungsbedingungen gewisse Schwankungen.

In einigen Bereichen gibt es aber klare Unterschiede zwischen Ziegen- und Kuhmilch:
Das Fett liegt in der Ziegenmilch in viel kleineren Fettkügelchen (Mizellen) vor. Dadurch ist das Fett in der Milch wesentlich feiner verteilt und schwimmt somit nicht so schnell oben auf - es ist quasi von Natur aus homogenisiert. Das hat nicht nur Folgen für das Aussehen, sondern auch für die Verdauung. Die Verdauungsenzyme des Menschen können ein derartig fein verteiltes Fett leichter und schneller aufspalten, als wenn es in relativ großen Mizellen vorliegt. Darüber hinaus enthält die Ziegenmilch mehr kurzkettige Fettsäuren, was wiederum eine Vereinfachung und Beschleunigung der Verdauung bedingt. Und schließlich werden etwas höhere Konzentrationen an mehrfach ungesättigten Fettsäuren in Ziegenmilch gefunden.

Auch bei den Vitaminen gibt es Unterschiede. Ziegenmilch hat im Allgemeinen etwas höher Gehalte an B-Vitaminen - mit Ausnahme der Vitamine B_6 und B_{12}, die in der Kuhmilch in höherer Konzentration vorkommen.

Auch ist der Gehalt an Vitamin A in Ziegenmilch höher. Übrigens sind die Ziegenmilch und daraus hergestellte Milchprodukte deshalb so weiß, weil die Ziege in ihrem Stoffwechsel, im Gegensatz zur Kuh, Beta-Carotin im Körper vollständig zu Vitamin A umbaut. Es fehlen entsprechend die gelben Farbstoffe des Beta-Carotins in der Milch.

Der Ziegenmilch wird seit langem eine gesundheitsförderliche Wirkung nachgesagt. Hauptsächlich sollen allergische Reaktionen auf Ziegenmilch bei Kindern seltener auftreten, als gemeinhin beim Konsum von Kuhmilch beobachtet. Verschiedentlich wurde in der Vergangenheit deshalb Ziegenmilch als Kuhmilchersatz in der Ernährung von Kindern mit Kuhmilchallergien propagiert. Neue, kontrollierte wissenschaftliche Untersuchungen belegen aber, dass auch von Ziegenmilch für entsprechend veranlagte Menschen ein hohes Allergiepotential ausgeht.
Manche Menschen mit Kuhmilchallergien reagieren auf Ziegenmilch ebenso stark, andere weniger oder gar nicht. Umgekehrt gibt es auch Menschen, die zwar keinerlei Kuhmilchallergie aufweisen, aber speziell auf Ziegenmilch reagieren. Auf alle Fälle muss vor einer pauschalen Empfehlung von Ziegenmilch bei Milchallergikern gewarnt werden.

Auch können viele Erwachsene generell keine Milch oder Frischmilchprodukte "vertragen", weder von der Kuh noch von der Ziege. Sie verlieren mit dem Erwachsenwerden ihre Fähigkeit, den Milchzucker zu verdauen, da ihnen das entsprechende Verdauungsenzym, die "Laktase" fehlt. Das führt nach dem Genuß von Milch zu Bauchkrämpfen, Blähungen und Durchfall. Menschen mit Laktasemangel sollten deshalb Sauermilchprodukte konsumieren, da sie durch die Vergärung den Großteil des Milchzuckers verloren haben.

Doch die meisten Menschen können ein Leben lang die Fähigkeit behalten, Milchzucker zu verdauen, sofern sie von Kindheit an Milch und Milchprodukte bis ins hohe Alter konsumieren. Eine Häufung dieser günstigen Anlage findet sich bei Völkern, deren reichlicher Konsum von Milch und Milchprodukten während der Evolution ein wesentlicher Überlebensvorteil darstellte, beispielsweise bei den Nordländern.

Milch und Milchprodukte sind mit Abstand die besten Calcium-Lieferanten und wertvolle Quellen hochwertigen Eiweißes. Fetthaltige Milchprodukte liefern außerdem erhebliche Mengen von Vitamin A und D.

Inwiefern Ziegenmilch aktiv zur Gesundheit beiträgt, ist nicht wissenschaftlich untersucht. Zumindest gibt es keine Studien, die überprüft hatten, ob der Konsum von Ziegenmilch bzw. Ziegenmilchprodukten im Vergleich zum Konsum von herkömmlicher Kuhmilch bzw. von Kuhmilchprodukten tatsächlich mit einer niedrigen Rate an bestimmten Krankheiten oder mit einer Verbesserung definierter Gesundheitsparameter einhergeht.

Gesundes tierisches Eiweiß
Ziegenmilch und daraus hergestellte Milchprodukte und das Ziegenfleisch liefern reichlich Eiweiß. Doch bezeichnen gewisse Vertreter der Ernährungswissenschaft seit langem einen erhöhten Konsum von Eiweiß und insbesondere von tierischem Eiweiß als "Gesundheitsrisiko". Üblicherweise wird empfohlen, den Eiweißanteil nicht über 15% der Energiezufuhr anzuheben. Vor mehr Eiweiß, vor allem vor mehr tierischem Eiweiß, wird sogar ausdrücklich gewarnt. Beispielsweise lautet eine der "Zehn Regeln für eine vollwertige Ernährung" der Deutschen Gesellschaft für Ernährung (DGE): "Weniger tierisches Eiweiß".

Die Begründung für solche Empfehlungen steht allerdings aus. Meist wird darauf hingewiesen, dass in Laborversuchen an Tieren pflanzliches Eiweiß zu niedrigeren Cholesterinspiegeln führt, als tierisches Eiweiß. Doch für den Menschen scheint das nicht zu gelten:
Dieser Frage ist Professor Dr. Bernard Wolfe von der University of Western Ontario (London, Kanada) in den letzten Jahren in bahnbrechenden Untersuchungen nachgegangen. In mehreren streng kontrollierten Stoffwechselstudien ersetzte er einen Teil der Kohlenhydrate in der Nahrung mit einer kalorisch entsprechenden Menge Eiweiß - bei gleichbleibendem Fettgehalt. Damit steigerte er den Eiweißgehalt der Kost in Bereiche von 22-27% und senkte im Austausch den Kohlenhydratgehalt in Bereiche von 40-45%.
Als Proteinquellen setzte er überwiegend tierisches Eiweiß ein - mageres Fleisch und Geflügel, mageren Fisch und magere Milchprodukte. Dieses Regime testete er sowohl bei Frauen und Männern mit erhöhten Cholesterinspiegeln, wie auch bei ganz gesunden Menschen.

All seine Untersuchungen waren im Ergebnis immer gleich: Die Anreicherung mit Eiweiß und die Einschränkung der Kohlenhydrate führt zu signifikanten Senkungen sämtlicher relevanten Blutfette und gleichzeitig zu einem Anstieg des "guten" HDL-Cholesterins. Und diese positive Bilanz stimmt auch mit Daten aus der epidemiologischen Forschung überein.

Frühere Langzeitbeobachtungsstudien konnten keinen negativen Einfluß von hohem Eiweißkonsum auf Herz-Kreislauferkrankungen nachweisen. Und die neueste und genaueste Studie zeigt sogar einen Schutzeffekt auf:
Man hatte 80 000 Frauen aus den USA 14 Jahre unter Beobachtung. Dabei kam heraus, dass eine hohe Eiweißzufuhr - pflanzliches wie auch tierisches - das Herzinfarktrisiko signifikant senkte! Die Damen mit dem höchsten Proteinkonsum, in diesem Fall ein mittlerer Eiweißanteil von 24 Prozent, hatten im Vergleich zu den Frauen mit 15 Prozent Eiweiß, eine um 26 Prozent gesenkte Herzinfarktrate. Es machte dabei keinen Unterschied, ob die hohe Proteinzufuhr mit einer gleichzeitig fettreichen oder fettarmen Kost erreicht wurde. Bei genauerer Betrachtung ergab sich, dass vor allem das tierische Eiweiß mit der niedrigeren Herzinfarktsterblichkeit assoziiert war. Und das Ergebnis hatte Bestand, auch nachdem alle erdenklichen medizinischen und ernährungsbedingten Einfluß- bzw. Störeinflüsse dabei berücksichtigt worden waren.

Aus epidemiologischen Studien ergibt sich weiterhin der Eindruck, als sei hohe Eiweißzufuhr mit niedrigerem Blutdruck assoziiert. Das wäre eine mögliche Erklärung dafür, dass in der größten Langzeitbeobachtungsstudie Japans der höchste Proteinkonsum, und zwar speziell der über Fleisch und Milchprodukte, mit der niedrigsten Schlaganfallsterblichkeit einherging.

Und nicht zuletzt noch einmal die bereits zitierte Nurses Health Study aus den USA: Sie ergab bei Frauen, die im Laufe der Studie Brustkrebs entwickelt hatten, dass mit Steigerung des Eiweißkonsum, vor allem des tierischen, sich die Überlebenschancen signifikant verbesserten. Außerdem scheint eine hohe Eiweißzufuhr bei freier Nahrungsauswahl dem Übergewicht vorzubeugen. Das ist damit erklärbar, dass Protein von allen Nährstoffen die schnellste Sättigung bzw. ausgeprägteste Sattheit auslöst. Darüber hinaus verbraucht die Verstoffwechselung von Eiweiß bis zu 30 Prozent des eigenen Energiegehalts, was unter anderem dazu führt, dass bei eiweißreicher Reduktionsdiät der Grundumsatz während des Hungern nicht so weit nach unten abfällt. Ob aber "eiweißreich" ein auf Dauer erfolgreiches Abnehmen ermöglicht, ist eine andere Frage, bei der ich sehr skeptisch bin und was bislang auch nicht demonstriert werden konnte. Viel eher realistisch erscheint mir, dass eine eiweißreiche Kost auf Grund ihrer gerade geschilderten Eigenschaften dabei behilflich ist, nicht noch weiter zuzunehmen.

Fazit

Zeigenfleisch ist, wie alle anderen Fleischsorten, ein hochwertiges Nahrungsmittel mit herausragenden geschmacklichen Eigenschaften. Wer auf Fleisch verzichtet, muss die darin so reichlich angebotenen Nährstoffe mit dem Verzehr anderer Nahrungsmittel kompensieren, was nicht immer so einfach ist, vor allem, wenn man als Normlverbraucher wenig über die spezifischen Inhaltstoffe weiß. Wer hingegen regelmäßig Fleisch ißt, tut sich leicht, eine Sicherstellung dieser Nährstoffe zu erreichen. Und gleichzeitig hält man bei fettarmen Fleischportionen die Kalorienzufuhr niedrig. Solche nährstoffdichten Lebensmittel sind bei dem heute herrschenden, geringen Kalorienverbrauch von besonderer Bedeutung.

Regelmäßiger Fleischverzehr erleichtert das Erreichen eines optimalen Ernährungsstatus. Da andererseits kein gesundheitliches Risiko durch den regelmäßigen Verzehr von Fleisch belegt ist, besteht auch kein hinreichender Grund vor Fleischkonsum abzuraten.

Ziegenmilch und daraus hergestellte Milchprodukte sind hochwertige Lebensmittel, die einen wesentlichen Beitrag zur Versorung mit Protein, Vitaminen und verschiedenen Mineralstoffen, allen voran Calcium leisten. Wegen ihrer leichten Verdaulichkeit wird die Ziegenmilch besonders in der Ernährung von Kindern, älteren Menschen und Kranken geschätzt.

*Gipsrelief-Fries
Schloss Rosenstein,
Stuttgart*

Dr. Nicolai Worm
Curriculum Vitae

Dr. oec. troph. Nicolai Worm, Jahrgang 1951, ist ein im gesamten deutschen Sprachraum bekannter Ernährungswissenschaftler.

Nach seinem Studium der Oecotrophologie in München und seiner Promotion an der Universität in Gießen lag sein Forschungsschwerpunkt im Bereich "Ernährung und Herzinfarkt". In der Fachwelt ist er u.a. durch seine kritische Position in der Cholesterindiskussion und durch seine Lehrtätigkeit im Bereich Sporternährung (Trainer-Akademie, Deutscher Sportbund, Köln) bekannt geworden.

Nicolai Worm hat zahlreiche Broschüren, Fachartikel und Bücher verfasst, darunter die Bestseller **Täglich Wein** (1996), **Diätlos glücklich** (1998) und **Nie wieder Diät** (2000) und **Syndrom X - oder ein Mammut auf den Teller** (2000) - alle im Hallwag-Verlag.

Er ist einem breiten Publikum durch seine Radio- und TV-Auftritte in privaten und öffentlichen Sendern sowie durch seine ARD-Sendereihe "Ernährungswissenschaft für den Hausgebrauch" vertraut geworden.

Der Autor ist u. a. Mitglied des wissenschaftlichen Beirates der Deutschen Weinakademie in Mainz und vertritt Deutschland in der Expertengruppe "Ernährung und Wein" beim Internationalen Weinamt (OIV) in Paris.

Seit 1997 ist er zudem Mitglied des fachübergreifenden Humanwissenschaftlichen Zentrums (HWZ) der Ludwig-Maximilian-Universität in München.

Dr. Nicolai Worm
Maxhöhe 40
82335 Berg

Kathrin Rüegg

VORWORT

Was der Bauer nicht kennt, das isst er nicht.

Je mehr man mit "seinem" Land verwurzelt ist, je mehr man die traditionellen Speisen eben dieses Landes zu essen gewöhnt ist, (eben wie ein Bauer) desto schwieriger wird es, unbekannte Speisen mit unbekannten Zutaten zu akzeptieren, zu essen und schliesslich gar gut zu finden. Mir geht es (vor allem mit bestimmten Zubereitungsarten) ebenso. Aber ich habe gelernt, diese Abneigung zu überwinden - und ich muss gestehen, ich schelte mich selbst über meine Dummheit, das, was ich nicht kenne, nicht essen zu wollen. Zumindest versuchen muss ich es.

Anders ist es, wenn ich mich aus ethischen Gründen weigere, bestimmte Fleischarten zu kochen. Zum Beispiel Fleisch von Tieren, die für ein bestimmtes Rezept ganz jung geschlachtet werden müssten. Also auch Milchzicklein oder Milchlämmer oder Spanferkel.

Deshalb fehlen hier auch die entsprechenden Rezepte - obwohl es zum Beispiel in der italienischen Küche unzählige solcher Beispiele gäbe. Zum Teil habe ich diese abgewandelt. Meist genügte es, die Garzeiten heraufzusetzen und weniger Gewürze beizugeben (denn ein Tier, dass nur mit Milch ernährt wird, kann kein Fleisch haben, das nach irgend etwas schmeckt).

Und was die Beilagen betrifft: Ich weiss es längst, dass in Deutschland eine Abneigung gegen Polenta und sogar gegen Reis besteht. Versuche lohnen sich meines Erachtens trotzdem. Allerdings braucht man die richtig gemahlene, nämlich grobe Polenta (im Reformhaus, grob mahlen lassen) und die richtige Reissorte, nämlich italienischen Reis (Arborio oder Carnaroli) (im italienischen Geschäft).

Ein weiteres "Gewöhnungsproblem" ist das Olivenöl. Mir ging es darum, die Rezepte möglichst originalgetreu wiederzugeben. Wer aber den Geschmack von Olivenöl nicht so mag, der nimmt eben Sonnenblumen- oder Rapsöl.

Gewürze aus dem Bauerngarten - Freilichtmuseum Neuhausen ob Eck

Traditionelle Zicklein-, Lamm-, Ziegen- und Schafrezepte

Ausprobiert und aufgeschrieben von

Kathrin Rüegg
La Motta CH 6635 Gerra Verzasca
Tel. 091 746 12 84, Fax 091 746 15 15
e-mail: kathrinruegg@bluewin.de

Fotografiert von Michael Bauer, Baden-Baden

Viele Köche oder Köchinnen verderben den Brei nicht immer:

Ich danke Frau Claudia Bauer für Ihre wertvolle Mitarbeit.
Sie hat die Rezepte für das Fotografieren nachgekocht und dabei wichtige Ergänzungen gemacht.

Wo nicht anders erwähnt, sind die Mengenangaben jeweils für vier Personen berechnet.

In beinahe allen Rezepten ist Olivenöl als Zutat erwähnt. Dies, weil ich selbstverständlich meist Olivenöl verwende (Olivenöl ist bekanntlich das weitaus gesündeste Oel). Wer nun aber lieber mit einem andern Oel (z.B. Sonnenblumen- oder Rapsöl) kocht, kann die Rezepte selbstverständlich entsprechend ändern.

Gipsrelief-Fries
Schloss Rosenstein,
Stuttgart

ZIEGEN-, ZICKLEIN,- SCHAF- ODER LAMMFLEISCH MIT NÜSSEN

Ein Rezept (das auch heute noch gut schmeckt) aus dem antiken Rom:
Brühe und Oel aufkochen, das Fleisch beigeben, zugedeckt ca 1½ Std. auf kleinstem Feuer kochen, gelegentlich umrühren. (Bei Verwendung von Ziegen- oder Schaffleisch nach und nach Wasser beigeben. Das antike Rezept schreibt dann eine Kochdauer von 5 Std. vor. Wahrscheinlich wurden uralte Ziegen und Schafe so gekocht). Wenn das Fleisch gar ist, Eier und Nüsse gut miteinander vermengen, zum Fleisch geben, das Ei fest werden lassen, servieren mit Petersiliekartoffeln und grünem Spargel.

ZUTATEN:

¼ l Gemüsebrühe (für
Ziegen- oder Schaffleisch
zusätzlich
½ - 1 l Wasser)
3 EL Olivenöl
500 g Ziegen-, Zicklein-,
Hammel - oder
Lammfleisch ohne
Knochen, in Würfel
geschnitten
6 Eier
150 g Hasel- oder
Walnüsse, fein gehackt

ZICKLEIN- ODER LAMMPASTETE AUS BRATENRESTEN

ZUTATEN:

Teig:
1 kg mehlige Salzkartoffeln
1 Ei
100 ml Rahm, ev. etwas
mehr
Salz, Pfeffer
Muskatnuss

Füllung:
1 EL Bratbutter
1 Zwiebel, fein gehackt
1 Stange Bleichsellerie,
fein gehackt
300 g Reste von Zicklein-
oder Lammbraten, in gleich
grosse Würfel geschnitten
oder grob gehackt oder fri-
sches, gehacktes Zicklein-
oder Lammfleisch
50 ml Bratensauce
50 ml trockener Rotwein
ev. 1 TL Mondamin
1 EL Wasser
2 EL kalte Butter in
Flöckchen

Die Kartoffeln etwas abkühlen lassen, durch die Presse drücken, mit den übrigen Teigzutaten vermengen.

Die Butter zergehen lassen, Zwiebel und Sellerie darin andämpfen, das Fleisch beigeben, mitdünsten, mit der Sauce und dem Wein ablöschen. Die Sauce muss dick sein, deshalb ev. das Mondamin mit dem Wasser anrühren und beigeben. Durchkochen.

Die Hälfte des Kartoffelbreis in eine Spring- oder Tarteform geben, flachdrücken, am Rand hochziehen.

Die Fleischmasse darauf geben, alles mit dem restlichen Brei zudecken.

Mit Eigelb bepinseln, mit den Butterflöckchen belegen. Im auf 180° C vorgeheizten Ofen 30 Min. backen. Grüner, rote Bete- oder Karottensalat dazu.

LAMM- ODER ZICKLEINFLEISCH IN WEINBLÄTTERN

Die Weinblätter auf beiden Seiten gründlich abspülen, 10 Min. in Salzwasser legen, die Stiele abschneiden, auf einer Arbeitsfläche ausbreiten. Fleisch, Pfefferminze, Reis, die zwei Eier, Salz und Pfeffer miteinander vermengen. Die Fleischfüllung auf die Blätter verteilen. Diese lose wickeln (weil der Reis aufquillt): zuerst beide Längsseiten einschlagen, dann aus dem ganzen ein Päckchen machen. Die Päckchen mit den Enden nach unten in eine bebutterte Auflaufform legen. Das Wasser dazugiessen. Es sollte die Wickel knapp bedecken. Ca. 20 Min. im auf 180° C vorgeheizten Backofen schmoren lassen, bis das Wasser verdampft ist. Die Eimasse in die Zwischenräume leeren. Nochmals so lange im Backofen lassen, bis das Ei gestockt ist (10-15 Min.).
Fladenbrot dazu servieren.

ZUTATEN:

Ca. 70 Weinblätter, gepflückt bevor die Reben mit Kupfersulfat gespritzt worden sind oder aus der Dose (Reformhaus oder griechisches Geschäft)
500 g gehacktes Lamm- oder Zickleinfleisch aus der Schulter oder der Keule
1 EL frische Pfefferminzblätter, gehackt, oder 1 TL getrocknete Blätter, zerbröselt
3 gehäufte EL Langkornreis (Arborio)
2 Eier, verklopft
Salz, Pfeffer
¼ l Wasser
4 Eier, verklopft
Salz, Pfeffer

Lamm- oder Zickleinfleisch mit Frühlingsgemüse

600 g Lamm- oder
Zickleinfleisch ohne
Knochen oder
800 g mit Knochen, in
Würfel geschnitten
Salz, Pfeffer
2 EL Bratbutter
2 EL Butter
½ l Gemüse- oder
Hühnerbrühe
1 Bund Frühlingszwiebeln,
geschält
1 Bund neue Karotten,
geschabt
1 grosser Kopfsalat,
geputzt
500 g grüne Erbsen, aus-
gehülst
1 TL Zucker
1 Stengel frisches oder ½
TL getrocknetes
Bohnenkraut
Salz

Das Fleisch salzen und pfeffern. Die Bratbutter erhitzen. Das Fleisch darin anbraten. Mit der Brühe ablöschen und bei kleinem Feuer ca. 1¼ Std. garen.
Inzwischen die Butter zergehen lassen,
zuerst die Zwiebeln darin leicht anbräunen, dann die andern Gemüse (auch der
Kopfsalat ist hier Gemüse), den Zucker
und das Bohnenkraut beigeben, salzen.
Zugedeckt bei kleinster Hitze weich garen.
(Das Gemüse sollte "Wasser ziehen"). Nur
wenn es ankocht, ganz wenig Brühe beigeben.

Das Gemüse auf einer Platte warmstellen.
Wenn das Fleisch gar ist, die Stücke mit
der Schaumkelle aus der Brühe nehmen,
auf das Gemüse legen. Alles wieder warmstellen. Die Brühe um 2/3 einkochen lassen, über das Gericht giessen.
Teigwaren, Kartoffelpüree oder Risotto
dazu servieren.

BRAUNES ZICKLEINRAGOUT

Die Butter erhitzen, das Fleisch lagenweise scharf anbraten, bis die Stücke goldbraun sind. Aus der Bratpfanne nehmen. Die Bratengarnitur (besteckte Zwiebel, Pfefferkörner und Karotten) im Bratenfond goldbraun braten, zum Fleisch legen, das Mehl im Fond gleich braun rösten wie die Fleischstücke. Alles zurück in die Pfanne geben, soviel heisses Wasser zugeben, dass das Fleisch knapp damit bedeckt ist. Weißwein und Kräuter beigeben.

Ca. 1 Std. kochen. Ev. während den letzten 5 Min. noch die Zicklein-Innereien mitkochen.
Kartoffeln, Risotto oder Teigwaren und grüner Salat dazu servieren.

ZUTATEN:

2 EL Bratbutter
1 kg Zickleinfleisch mit Knochen
Salz, Pfeffer
1 Zwiebel (mit der Haut), besteckt mit
1 Lorbeerblatt und
2 Gewürznelken
Pfefferkörner
2 Karotten, geschält
1 EL Mehl
100 ml trockener Weißwein
1 TL Majoran oder Thymian, getrocknet
ev. Zickleinherz, -Nieren und -Lungen, fein geschnetzelt

ZIEGENKEULE MIT TRAUBENBEEREN

ZUTATEN:

1 Ziegenkeule mitsamt
dem Knochen
Beize wie Rezept für
Ziegenpfeffer (Seite 90)

Sauce:
Die Beize inklusive die
Gemüse
2 EL Sonnenblumenöl
2 Scheiben Schwarzbrot
200 ml Rahm
100 g blaue
Traubenbeeren, halbiert

UNSERE WEINEMPFEHLUNG:

Trollinger Q.b.A.
halbtrocken
Fellbacher Lämmler,
Gutsabfüllung

Die gebeizte Keule gut trockentupfen, im rauchheissen Oel ringsum scharf anbraten, in eine Kasserolle legen. Die Hälfte der Beize mitsamt den Gemüsen dazugeben, im auf 200° C vorgeheizten Backofen 1 Std. braten, gelegentlich umdrehen, den Rest der Beize und die Schwarzbrotscheiben dazugeben, eine weitere Std. braten. Das Fleisch zerschneiden und in einer warmen Schüssel anrichten. Die Sauce nochmals aufkochen, den Rahm und die Traubenbeeren beigeben, alles nochmals bis zum Siedepunkt erhitzen.

Die Sauce über das Fleisch giessen. Polenta (siehe Rezept Seite 126), Teigwaren oder Kartoffelpüree und Rosenkohl dazu servieren.

HIRTENTOPF AUS ZIEGENFLEISCH MIT GEMÜSE

Das Oel erhitzen, Pfefferschote und Zwiebel darin andämpfen, das Fleisch beigeben, leicht anbraten. Die Gewürznelken und das Wasser beigeben, würzen. Zugedeckt ca. 2 Std. schmoren lassen. Ev. noch mehr Wasser beigeben. Den Wein und die Gemüse dazugeben. Alles nochmals zugedeckt auf kleiner Flamme schmoren lassen. Kochdauer kommt auf das Alter der Ziege an (2-5 Std). Dazu gehören Polenta (Rezept Seite 126) oder Salzkartoffeln oder Teigwaren.

ZUTATEN:

4 EL Oliven- oder Sonnenblumenöl
1 Pfefferschote, Kerne entfernt, fein gehackt
1 Zwiebel, grob gehackt
600 g Ziegenfleisch ohne Knochen, in Würfel geschnitten
3 Gewürznelken
½ l Wasser
Salz, Pfeffer
½ l trockener Weisswein
10 Schalotten, geschält, ganz belassen
500 g Tomaten, geschält, zerschnitten
je 1 grüne und 1 gelbe Paprikaschote, halbiert, Kerngehäuse entfernt, in Streifen geschnitten

ZIEGENPFEFFER

*1 kg Ziegenragout mit
Knochen
Beize:
¾ l trockener Rotwein
¼ l Rotweinessig
1 Karotte, geschält, in
Rädchen geschnitten
½ Lauchstengel, längs
geteilt
¼ Sellerieknolle, geschält,
in Schnitze geschnitten
1 Zwiebel, geschält, in
Schnitze geschnitten
10 schwarze Pfefferkörner
10 Wacholderbeeren
3 entzweigeschnittene
Knoblauchzehen
3 Lorbeerblätter
1 Büschel Petersilie
1 KL Salz
Sauce:
3 EL Sonnenblumenöl
3 ganze Baumnüsse mit-
samt der harten Schale
3 EL Butter
3 EL Mehl
Salz, Pfeffer
200 ml Rahm
50 g bittere Schokolade,
fein gerieben*

Man legt das Fleisch in ein Keramikgefäss (kein Metall!), kocht alle Zutaten für die Beize miteinander auf und giesst sie dazu. Zugedeckt 1-2 Wochen (je nach Alter der Ziege) lang an einem kühlen Ort stehen lassen. Jeden Tag einmal gut umrühren. Das gebeizte Fleisch ganz gut trockentupfen. Portionenweise in rauchheissem Oel scharf anbraten. Mit der einen Hälfte der abgeseihten Beize ablöschen. Die Baumnüsse beigeben. In eine Kasserolle geben. 2 Std. im auf 200° C vorgeheizten Backofen braten.
Ev. von der Beize nach und nach noch mehr zugeben. Von Zeit zu Zeit umrühren. In einer Bratpfanne die Butter schmelzen,

das Mehl beigeben und langsam braun rösten. Die Pfanne vom Feuer nehmen, mit dem Rest der Beize und ev. noch etwas Rotwein (insgesamt ca. ½ l Flüssigkeit) ablöschen. 5 Min. köcheln lassen.
Den Rahm und die Schokolade beifügen, nochmals bis knapp zum Siedepunkt erhitzen, aber nicht mehr kochen.
Die Baumnüsse entfernen, die Sauce über das Fleisch schütten.

Mit Polenta, Teigwaren oder Kartoffelpüree servieren. Gedämpfte Aepfel und Preiselbeeren und Rosenkohl schmecken fein dazu.

Zickleinragout Tessiner Art

Wichtig: alle Kochvorgänge müssen bei kleinster Flamme ausgeführt werden! Das Fleisch trockentupfen. In 2 (je nach Grösse auch 3) Bratpfannen die Butter zergehen lassen. Das Fleisch so dazulegen, dass alle Stücke den Boden berühren. Ringsum ganz sanft anbraten. Wenn alle Stücke Farbe angenommen haben, mit 1 Schöpfkelle Wein ablöschen. Den Wein einkochen lassen, dabei die Fleischstücke immer wieder drehen. 1 Schöpflöffel Brühe und die Kräuterzweige beigeben, Brühe wie oben beschrieben einkochen lassen. So fortfahren, bis alle Flüssigkeit verdampft ist. Zubereitungsdauer ca. 1¼ Std. Das Fleisch muss sich vom Knochen lösen. Falls das noch nicht der Fall ist, das Fleisch in eine Kasserolle umschichten, in der man etwas Butter geschmolzen hat. Noch eine Schöpfkelle Brühe beigeben. Zugedeckt ganz weichschmoren. Salzen und pfeffern. Rosmarinzweige entfernen. Das Fleisch in eine vorgewärmte Schüssel füllen. Den Bratenfond aus den Bratpfannen und ev. aus der Kasserolle zusammenschütten, den Rahm beigeben, die Sauce aufkochen, ev. nachwürzen.

Separat zu den Zickleinstücken servieren. Polenta (siehe Rezept auf Seite 126) gehört dazu (weil sie die Sauce so schön aufsaugt). Man kann aber auch Kartoffelbrei oder Nudeln dazu servieren. Nur: ganz echte Tessiner Art ist es dann nicht mehr.
Und von eventuell übrig gebliebenen Fleischresten kann man die Paté (nächstes Rezept) machen.

Zutaten:

800 g Zickleinfleisch mit Knochen, in ca. 5 x 5 cm grosse Stücke zerteilt
4 EL frische Butter
ca. ½ l trockener Weisswein
ca. ½ l Hühner- oder Gemüsebrühe
3 Rosmarinzweige oder 2 TL getrocknete Rosmarinnadeln
Salz, Pfeffer
100 ml Rahm

ZICKLEIN-PATÉ

1 Zickleinleber, in esslöffelgrosse Stücke zerschnitten
4 EL Cognac oder trockener
Sherry
1 kg Zickleinfleisch mit
Knochen, in ca. 10 x 10 cm
grosse Stücke zerteilt oder
ev. Reste von
Zickleinragout
2 l Wasser
1 Zwiebel, besteckt mit
1 Lorbeerblatt
1 Nelke
1 Karotte, geschält
¼ Sellerieknolle, geschält
1 Lauchstengel
5 Pfefferkörner
5 Korianderkörner
3 Eier
¼ l Rahm
Salz
5 Lorbeerblätter

UNSERE WEINEMPFEHLUNG:

Spätburgunder Spätlese
trocken

Die Leber mit dem Cognac oder Sherry
begiessen, kaltgestellt über Nacht marinieren.
Das Wasser mit den Suppengemüse und
Gewürzen 10 Min. köcheln lassen. Das
Fleisch beigeben, auf kleiner Flamme
weichkochen (ca. 1½ Std.), aus dem Sud
nehmen, abkühlen lassen. Das Fleisch
von den Knochen lösen (sorgfältig arbeiten, es dürfen keine Knochenreste zurück-
bleiben!). Im Mixer fein pürieren, Eier,
Rahm und Salz, die in Rädchen geschnittene Karotte und den in Streifen geschnit-

tenen Lauchstengel darunterheben.
Eine Kastenform mit Backpapier auslegen.
Die Hälfte der Fleischpaste hineinfüllen,
die Leberstückchen darüberlegen, dann
mit der zweiten Pastenhälfte zudecken.
Zuoberst die Lorbeerblätter anordnen.
Im Wasserbad im auf 180° C vorgeheizten
Backofen ¾ Std. stocken lassen, kaltstel-
len. In Scheiben geschnitten als Vorspeise
mit Toast servieren.

ZICKLEINKEULE MIT ZITRONE

Für dieses Rezept eine Kasserolle auswählen, in der das Fleisch gerade knapp Platz hat. Aus den Kräutern, Gewürzen, Oel und Zitronensaft eine Marinade machen. Diese in die Kasserolle geben. Das Fleisch dazulegen, einige Male in der Marinade drehen. Mit den Zitronenscheiben bedeckt mindestens 2 Tage kaltstellen, einige Male umdrehen.

Den Backofen auf 220° vorheizen. Das Fleisch mitsamt den Zitronenscheiben zugedeckt ca. 1½ Std. schmoren. Gedünsteter Fenchel und Salzkartoffeln passen am besten dazu.

ZUTATEN:

1 Zickleinkeule mit Knochen
1 EL Rosmarinnadeln, fein gehackt
1 EL Salbeiblätter, fein gehackt
2 Lorbeerblätter, fein zerbröselt
1 TL schwarze Pfefferkörner
Salz
3 EL Olivenöl
1 EL Zitronensaft
1 - 2 ganze ungespritzte Zitronen, mit der Schale in Scheiben geschnitten

UNSERE WEINEMPFEHLUNG:

Trollinger Q.b.A. trocken
Uhlbacher Götzenberg, Gutsabfüllung

93

ZICKLEINRAGOUT MIT MILCH

ZUTATEN:

800 g Zickleinragout mit
Knochen
Wasser
½ l Milch
½ l Wasser
5 Blätter Basilikum, fein
gehackt
2 Salbeiblätter, fein
gehackt
Salz, Pfeffer

Das Fleisch so in eine Kasserolle geben, dass die einzelnen Stücke neben- und nicht übereinander zu liegen kommen. Das Fleisch mit Wasser knapp bedecken. Die Kräuter unterrühren. Solange köcheln, bis das Wasser verdunstet ist und die Fleischstücke leicht gebräunt sind. Die Milch mit der zweiten Wassermenge mischen, dazugeben, würzen. Auf kleinstem Feuer so lange kochen, bis das Fleisch weich und eine dickliche Sauce entstanden ist.

Blattspinat mit Schalotten in Butter gedünstet ergänzen dieses zarte Frühlingsgericht am besten.

Zicklein mit Tomaten

Das Fett in einer Kasserolle erhitzen, Zwiebel und Rosmarin einige Min. darin dämpfen, die Tomaten beigeben, alles durchdämpfen, die Fleischstücke darauflegen, im auf 200° C vorgeheizten Backofen zugedeckt ca. 1 Std. schmoren lassen, dabei nach und nach die Brühe beigeben, würzen.
Teigwaren oder Salzkartoffeln dazu reichen.

Zutaten:

50 g Schweine- oder Gänsefett
1 Zwiebel, geschält, grob gehackt
1 Rosmarinzweig
4 Tomaten, geschält, zerschnitten
750 g Zickleinfleisch mit Knochen
¼ l Gemüsebrühe
Salz, grob gemahlener schwarzer Pfeffer

ZICKLEIN MIT GETROCKNETEN PILZEN

ZUTATEN:

100 g getrocknete
Champignons (original
wären Steinpilze)
800 g Zickleinragout mit
Knochen
100 ml Wasser
Salz, Pfeffer
1 Zwiebel, fein gehackt
¼ l trockener Rotwein
500 g Tomaten, geschält,
zerschnitten

UNSERE WEINEMPFEHLUNG:

Dornfelder Q.b.A.
halbtrocken, "Elegance"
Uhlbacher Götzenberg,
Gutsabfüllung

Die Pilze ¼ Std. in lauwarmem Wasser
einweichen, abseihen. Das Fleisch mit
dem Wasser (also ohne Fettzugabe) in
einer Bratpfanne köcheln, bis das Wasser
verdampft und das Fleisch goldbraun
geworden ist. Würzen. Die Zwiebel und
den Rotwein beigeben. Einkochen lassen.
Ev. noch wenig Wasser zugiessen.
Die Pilze aus dem Einweichwasser heben,
ev. zerkleinern, zum Fleisch geben, ebenso die Tomaten. Zugedeckt 1 Std. köcheln
lassen.

Mit brauner Butter übergossener
Blumenkohl und neue Kartoffeln dazu
servieren.

ZICKLEIN AUF DEM KARTOFFELBETT

Eine Kasserolle auswählen, die gross genug ist, dass man alle Kartoffeln mit der Schnittseite nach unten nebeneinander hineinlegen kann. Mit der Petersilie und dem Knoblauch bestreuen. Das Fett darübergeben.
Das Fleisch über die Kartoffeln legen. Salzen und pfeffern.
Zugedeckt im auf 180° C vorgeheizten Backofen ca. ¾ Std. schmoren.
Das Fleisch sorgfältig herausnehmen, dass das Kartoffelbett erhalten bleibt, die

Brotkrumen und ev. etwas Wasser beigeben, das Fleisch umgedreht wieder darauf legen. Zugedeckt nochmals ¾ Std. schmoren.
Salat oder grüne Erbsen passen am besten dazu.

ZUTATEN:

2 EL Oliven- oder Sonnenblumenöl
800 g möglichst gleich grosse Kartoffeln, geschält, quer durchgeschnitten
1 EL Petersilie, fein gehackt
1 Knoblauchzehe, geschält, gepresst
2 EL Schweinefett in Flöckchen
800 g Zickleinragout mit Knochen
Salz, Pfeffer

ZICKLEIN IM SCHWEINENETZ
ZICKLEINSPIESSE

ZUTATEN:

Zicklein im Schweinenetz

800 g Zickleinkeule, ent-
beint
Saft einer Zitrone
1 Zwiebel, geschält, grob
gehackt
1 EL Oliven- oder
Sonnenblumenöl
1 EL frische Butter
5 Wacholderbeeren
je 1 Zweig Rosmarin,
Oregano und Salbei oder
je ½ TL getrocknete Kräuter
Salz
1 Schweinsnetz

Zickleinspiesse

1 Zickleinkeule, in 24
Würfel geschnitten
6 Scheiben Toastbrot, jede
in 5 Teile geschnitten
5 ca. 1 cm dicke Scheiben
gekochter Schinken, jede
in 6 Teile geschnitten
3 EL Olivenöl
Salz, Pfeffer

Zicklein im Schweinenetz

Das Fleisch in einer engen Schüssel mit kaltem Wasser bedecken, den Zitronensaft und die Zwiebel beigeben.
4 Std. stehen lassen.
Das Oel und die Butter in einer Kasserolle erhitzen, die Kräuter und die Zwiebel darin andämpfen, dann das trockengetupfte Zickleinfleisch dazulegen, ringsum leicht anbraten. Zugedeckt im auf 200° C vorgeheizten Backofen ¾ Std. schmoren. Das Schweinsnetz auf einer Arbeitsfläche ausbreiten. Das Fleisch und die Kräuter darauflegen, das Netz zuerst rechts und links über das Fleisch schlagen, dann alles zu einem Paket rollen, das mit den Enden nach unten wieder zurück in die Kasserolle gelegt wird. Nochmals ¾ Std. schmoren, gelegentlich mit dem ausgetretenen Saft begiessen. Ev. noch etwas Wasser dazugeben. In Scheiben geschnitten und mit dem Bratenjus begossen anrichten.
Tomatensalat und Salzkartoffeln dazu servieren.

Zickleinspiesse

Fleisch-, Brot- und Schinkenwürfel so auf 6 Holz- oder Eisenspiesse aufstecken, dass an beiden Enden zuerst Brot-, dann Schinkenteile sind. Mit dem Oel bepinseln, im auf höchste Stufe vorgeheizten Backofen ca. 20 Min. braten. Salzen und pfeffern. Anrichten mit nicht angemachtem Kopfsalat. Essig, Oel, Salz und Pfeffer zur Selbstbedienung dazustellen.

GITZIKÜCHLEIN (ZICKLEINKÜCHLEIN)

Alle Zutaten zum Sud aufkochen. Die Fleischstücke dazulegen, ca. ¾ Std. ziehen lassen. Das Fleisch mit der Schaumkelle aus dem Sud heben. Trockentupfen.
Aus den Teigzutaten einen Pfannkuchenteig zubereiten. Diesen 1 Std. ruhen lassen.

Den Teig nochmals durchrühren, die Fleischstücke durch den Teig ziehen und im auf 160° C erhitzten Oel backen. Dazu gehören ein Kopfsalat und ein Safran-Risotto (siehe Seite 127), das man mit dem abgesiebten Fleischsud zubereitet.

ZUTATEN:

800 g Zickleinfleisch mit Knochen, in ca. 5 x 5 cm grosse Stücke zerteilt
Sud:
1 ½ l Wasser
100 ml trockener Weißwein
1 Zwiebel, geschält, besteckt mit
1 Lorbeerblatt und
1 Nelke
1 Karotte, geschält
½ Sellerieknolle, geschält
1 Lauchstengel, längs halbiert
2 TL Salz
Teig:
200 g Weißmehl
2 EL Mondamin
200 ml Milch
100 ml Rahm
3 Eier
1 EL Sonnenblumenöl
Salz, Pfeffer
Zum halbschwimmend Backen:
½ l Sonnenblumenöl

ZICKLEIN IN WEINSAUCE

ZUTATEN:

50 g getrocknete Steinpilze
oder Champignons
1 Zwiebel, geschält, fein
gehackt
2 Stangen Bleichsellerie, in
ca. 2 cm breite Streifen
geschnitten
2 Karotten, geschält, in
Rädchen geschnitten
1 kg Tomaten, geschält, in
Stücke geschnitten
3 EL Petersilie, fein gehackt
1 EL Salbei, fein gehackt
oder 1 TL getrockneter
Salbei, zerbröselt
100 g geräucherter Speck,
in ganz kleine Würfel
geschnitten
600 g Zickleinfleisch ohne
Knochen in ca. 6 Stücke
zerteilt
½ l trockener Weißwein
Salz, Pfeffer
1 EL Weißmehl (Typ 405)
1 EL frische Butter

Die Pilze ¼ Std. in lauwarmem Wasser einweichen, abseihen, mit Zwiebel, Sellerie, Karotten, Tomaten, Petersilie, Salbei und Speck in eine mit Oel bepinselte Kasserolle, die einen ganz gut schliessenden Deckel hat, geben und alles miteinander vermengen. Das Fleisch darauflegen, würzen, mit dem Wein begießen. Zugedeckt im auf 150° C vorgeheizten Backofen 1½ Std. schmoren lassen, ohne den Deckel zu öffnen.

Das gargekochte Fleisch aus der Kasserolle nehmen. Mehl und Butter miteinander verkneten. Zur Sauce geben. Etwas einkochen lassen. Fleisch wieder zugeben, nochmals zum Siedepunkt bringen.
Grüne Bohnen und Salzkartoffeln dazu.

LAMMKRONE

Das Fleisch würzen, mit Küchengarn zu zwei Kronen zusammenbinden, in eine Kasserolle legen.

Die Brotscheiben würfeln, mit Milch beträufeln, ½ Std. stehen lassen, mit einer Gabel fein zerdrücken. Die Butter schmelzen, Zwiebel, Kräuter, Knoblauch, Brotbrei und Gewürze beigeben. Durchdämpfen, bis sich die Masse zusammenballt. Auskühlen lassen. Eier und Bratwurstbrät dazumengen, würzen.

Diese Füllung in die Mitte der Kronen geben. Im auf 200° C vorgeheizten Ofen 20-30 Min. backen.
Grüne Bohnen und Kartoffelgratin dazu reichen.

ZUTATEN:

2 Lammkronen =
Lammkoteletts am Stück
(beim Metzger
vorbestellen)
Salz, Pfeffer
4 Scheiben Toastbrot ohne
Rinde
½ l Milch
2 EL Butter
1 Zwiebel, fein gehackt
1 Bund Petersilie, fein
gehackt
1 Bund Schnittlauch, fein
geschnitten
2 Knoblauchzehen,
gepresst
je 1 TL Rosmarin und
Thymian, getrocknet oder
je 1 EL Rosmarinnadeln und
Thymianblättchen, gehackt
Salz, Pfeffer, Muskat
2 Eier, verklopft
200 g Bratwurstbrät, mit
einer Gabel zerdrückt

UNSERE WEINEMPFEHLUNG:

Lemberger Spätburgunder
trocken
Uhlbacher Götzenberg,
Gutsabfüllung

GEFÜLLTES LAMMFILET

*2 Lammfilets, der Länge
nach aufgeschnitten, aber
so, dass sie auf einer Seite
noch zusammenhängen
Salz, Pfeffer
2 EL Olivenöl
4 Scheiben Toastbrot ohne
Rinde, in Würfel
geschnitten
2 Knoblauchzehen,
gepresst
2 EL Petersilie, fein gehackt
je 1 TL getrocknete
Rosmarinnadeln und
Thymianblätter oder
je 3 Zweige frische Kräuter
ohne Stengel, fein gehackt
100 ml herber Rotwein
2 EL Olivenöl
100 ml Gemüsebrühe*

Die Filets würzen. Das Olivenöl erhitzen,
Toastbrot, Knoblauch, Kräuter darin
andämpfen, den Rotwein beigeben, etwas
einkochen lassen. Ev. nachwürzen. Alles
mit einer Gabel zerdrücken, auf die
Fleischhälften streichen. Diese zusam-
menrollen und mit Küchengarn festbin-
den. Das Olivenöl erhitzen, das Fleisch
ringsum anbraten, zudecken, 20 Min. auf
kleinster Flamme halten, nach und nach
die Brühe zugeben, dann in der zugedeck-
ten Pfanne noch 5 Min. ruhen lassen.
Tomatensauce, grüner Salat und Teigwaren oder Trockenreis dazu servieren.

Lammfilet mit orientalischer Sauce

Oel erhitzen, die Zwiebelscheiben darin anbräunen, Knoblauch beigeben. Wenn dieser gelb wird, die Gewürze, das Tomatenpüree und das Wasser beigeben. Salzen. Sobald das Wasser kocht, Rosinen und Pinienkerne dazugeben.
1 Std. köcheln lassen. Die Sauce muss dick und braun werden.
Den Backofengrill erhitzen. Das Fleisch mit dem Oel bepinseln, würzen.
Auf jeder Seite 2 x 4 Min. grillieren, damit ein Gittermuster entsteht.
Wasser, Salz und Safran aufkochen.

Den Reis einrieseln lassen. Nach 10 Min. Rosinen und Pinienkerne beigeben. Nochmals knapp 10 Min. kochen lassen. Das gebratene Fleisch auf einer vorgewärmten Platte anrichten, mit der Sauce übergiessen, mit dem Reis umlegen, mit den Petersilieblättern garnieren. Heiss servieren!

ZUTATEN:

3 Zwiebeln, in dünne Scheiben geschnitten
4 EL Olivenöl
2 Knoblauchzehen, gepresst
1 TL Zimt
1 TL Kurkuma
1 Msp. Piment
3 EL Tomatenpüree
½ l Wasser, kochend
Salz, Pfeffer
2 EL Rosinen
2 EL Pinienkerne
600 g Lammfilet
2 EL Olivenöl
600 ml Wasser
Salz
1 Briefchen Safran
300 g Reis (ich nehme Arborio)
2 EL Rosinen
2 EL Pinienkerne
einige Petersilienblätter

Lammschulter mit Oliven

Zutaten:

3 EL Olivenöl
1 kg Lammschulter am
Stück, ohne Knochen, mit
Küchengarn zu einer Rolle
gebunden
3 Karotten, geschält, in
Stifte geschnitten
3 Zwiebeln, geschält, in
Ringe geschnitten
1 Lorbeerblatt
3 Thymianzweige oder
1 TL getrockneter Thymian
¼ l Hühner- oder
Gemüsebrühe
100 g grüne Oliven
Salz, Pfeffer

Unsere Weinempfehlung:

Dornfelder Q.b.A., trocken
"Tradition"
Uhlbacher Götzenberg,
Gutsabfüllung

Das Oel erhitzen, das Fleisch darin ringsum anbraten. Karotten, Zwiebeln, Kräuter
beigeben, durchdünsten, mit der Brühe
ablöschen. Zugedeckt ½ Std. köcheln lassen, die Oliven beigeben, zugedeckt ca.
¾ Std. kochen, gelegentlich umrühren,
ev. noch mehr Brühe beigeben.
Grüner Salat und Fladenbrot (s. Seite 126)
dazu servieren.

Lammschulter mit Kartoffeln

Butter und Oel in einer Kasserolle mit Deckel erhitzen, die Kartoffeln darin garen, dabei die Kasserolle immer wieder schütteln, damit die Kartoffeln ringsum gebräunt werden. Zwischendurch zudecken, dann warmstellen.

Das Fleisch mit dem Oel bepinseln, würzen. Im auf 250° C vorgeheizten Backofen braten (pro 500 g Fleisch ca. ¼ Std.).

Die restlichen Zutaten miteinander vermengen, über die fertigen Kartoffeln streuen und alles mit geschlossenem Deckel gut durchschütteln, dann darin auf kleiner Hitze das Brot anbräunen lassen. Immer wieder schütteln.

Das gebratene Fleisch auf einer vorgewärmten Platte anrichten, mit den Kartoffeln umlegen.

Dazu passt am besten ein gemischter Salat.

Zutaten:

1 EL Bratbutter

2 EL Olivenöl

1 kg neue kleine Kartoffeln gut gewaschen, mit der Schale

1 Lammschulter mit dem Knochen

1 EL Olivenöl

Salz, Pfeffer

2 Knoblauchzehen, gepresst

2 EL Petersilie, gehackt

4 Schalotten, gehackt

4 EL Paniermehl

Lammkeule mit Gemüsen

2 EL Olivenöl
1 kg Lammkeule ohne
Knochen, mit Küchengarn
zusammengebunden
2 Zwiebeln, geschält,
grob gehackt
300 g Karotten, geschält, in
Rädchen geschnitten
300 g Knollensellerie,
geschält, in Scheiben
geschnitten
3 EL Petersilie, fein gehackt
100 ml trockener
Weisswein
500 ml Hühner- oder
Gemüsebrühe
Salz, Pfeffer

Das Oel in einer Kasserolle erhitzen, das Fleisch darin ringsum anbraten, dann auf einer Platte beiseite legen. Im gleichen Oel Zwiebeln, Karotten, Sellerie und Petersilie durchdämpfen. Falls das Gemüse zu trocken wird, etwas Wasser nachgiessen. Wenn das Gemüse zu einem Brei verkocht ist, (ca. nach 1 Std.) das Fleisch mit dem entstandenen Fond wieder zurück in die Kasserolle geben, mit dem Weisswein ablöschen.
Einkochen lassen, dann schöpflöffelweise die Brühe beigeben, zugedeckt immer wieder einkochen lassen. Das gargekochte Fleisch (totale Kochzeit ca. 1½ Std.) muss eine dunkle Farbe angenommen haben, die Sauce muss dick und sämig geworden sein. Das Fleisch in Scheiben schneiden, diese auf eine vorgewärmte Platte legen. Die Sauce mit Salz und Pfeffer abschmecken, ev. mit etwas Brühe verdünnen, wenn man will, durch ein Sieb streichen, nochmals aufkochen, über die Fleischscheiben geben.
Heiss servieren mit frischen Erbsen Karotten.

LAMMKEULE- ODER SCHULTER MIT PFEFFERMINZSAUCE

Fleisch, Zwiebeln, Nelken, Petersilie (im Bund), Karotten, Bleichsellerie in eine Kasserolle legen, würzen. Wasser dazugiessen. Es soll alles knapp bedecken. Aufkochen, dann zudecken und bei kleinem Feuer garen.
Sauce: Alle Saucenzutaten in einer Bratpfanne auf die Hälfte einkochen lassen. Auskühlen, abseihen.

Das Fleisch in Scheiben geschnitten auf einer gut vorgewärmten Platte anrichten. Die Sauce in einem Schüsselchen mit Mokkalöffel dazu servieren. Salzkartoffeln und Kopfsalat dazu.

ZUTATEN:

1 Lammkeule (für 6 - 8 Personen) oder -Schulter (für 4 Personen) mit Knochen
2 Zwiebeln, geschält, besteckt mit
4 Gewürznelken
2 Bunde Petersilie
2 Karotten, geschält
2 Stangen Bleichsellerie
ca. 1 ½ l Wasser
Salz, Pfeffer

Sauce:
50 g frische Pfefferminzblätter, ganz fein gehackt
3 EL Weißweinessig
2 TL Zucker
6 EL Wasser
1 Pr. Salz

LAMMKEULE IM KALTEN OFEN

ZUTATEN:

1 Lammkeule mitsamt
dem Knochen
3 Knoblauchzehen, der
Länge nach geviertelt
Salz, Pfeffer
2 EL milder Senf
2 EL Olivenöl
je 2 Zweige Rosmarin und
Salbei
1 Zweig Thymian
¼ l Rahm

Die Knoblauchstifte dem Knochen entlang möglichst tief in die Keule stecken. Salz, Pfeffer, Senf und Oel miteinander verrühren. Mit dieser Mischung das Fleisch ringsum einpinseln. Eine Alufolie mit den Kräuterzweigen belegen. Das Fleisch daraufgeben. Die Folie zuerst auf beiden Seiten über das Fleisch legen, nachher alles zu einem Paket rollen. Mit dem Folienende nach oben in eine Kasserolle legen. Diese in den kalten Ofen stellen. Den Ofen auf 120° C einschalten.

Das Fleisch 5 Std. lang garen ohne die Ofentüre zu öffnen. Die Folie entfernen. Das Fleisch tranchieren, warmstellen, den Fleischsaft in einem Pfännchen zusammen mit dem Rahm aufkochen, ev. nachwürzen, über das Fleisch geben.
Dazu gehören ein Kartoffelgratin (siehe Rezept auf Seite 127 aber ohne Knoblauch!) und grüne Bohnen.

LAMMKOTELETTS MIT MOZARELLA

Die Koteletts beidseitig würzen. Auf je einen Teller Mehl, das Ei und das Paniermehl geben. Die Koteletts in der obigen Reihenfolge darin panieren. Das Butterfett schmelzen, die Koteletts goldbraun braten, dann in eine ausgebutterte Auflaufform legen. Auf jedes Kotelett ein Schinken- und ein Mozzarellastück legen, die Butter in Flöckchen darüber verteilen. Im auf 180° C vorgeheizten Ofen ca. 1/4 Std. überbacken (so lange, bis der Mozzarella geschmolzen ist).

Mit Zitronenschnitzen garniert servieren. Dazu passen am besten Gurkensalat mit Dill und eine Baguette.

ZUTATEN:

8 Lammkoteletts
Salz, Pfeffer
2 EL Mehl
1 Ei, verklopft
4 EL Paniermehl
4 EL Butterfett
4 Scheiben gekochter
Schinken, halbiert
150 g Mozzarella, in 8
Scheiben geschnitten
2 EL Butter
1 Zitrone, in Schnitze
zerteilt

UNSERE WEINEMPFEHLUNG:

Spätburgunder
"Schwarzes Schaf"
Spätlese trocken
Uhlbacher Götzenberg

GRILLIERTE LAMMKOTELETTS, WIE MAN SIE IN DER PROVENCE MACHT

ZUTATEN:

4 Knoblauchzehen,
gepresst
Salz, Pfeffer
Ca. 20 Basilikumblätter,
fein gehackt
6 EL Olivenöl
4 dicke Lammkoteletts vom
Rückenstück
4 EL Butter, möglichst kalt
4 Basilikum-Blätter

Knoblauch, Salz, Pfeffer, Basilikum und
Olivenöl zu einem glatten Brei verarbeiten
(Küchenmaschine oder Mörser).
Die Koteletts damit beidseitig bepinseln.
Im Backofen- oder auf dem
Holzkohlengrill beidseitig je einige Min.
braten.
Vor dem Servieren auf jedes Kotelett ein
Stückchen frische Butter und ein
Basilikum-Blatt legen.
Butterbohnen passen am besten dazu.

GRILLIERTE HAMMEL- ODER LAMMKOTELETTS

Das Fleisch salzen, pfeffern, mit dem Oel bestreichen und aufeinandergeschichtet 1 Std. marinieren.
Für die Kräuterbutter alle Zutaten mit einer Gabel miteinander vermengen, zu einer Rolle formen, kaltstellen.
Kurz vor dem Servieren das Fleisch beidseitig insgesamt ca. 8 Min. grillieren (wenden, damit ein Gittermuster entsteht). Auf jedes Kotelett ein Stück Kräuterbutter legen.

Servieren mit Zwiebelsauce (s. Seite 128) und Paprikasalat mit Zwiebelringen.
Auf gleiche Weise kann man auch gerollte Hammelplätzchen servieren. Dazu braucht man Fleisch vom Nierstück, das man aufrollt und mit einem Hölzchen fixiert.

ZUTATEN:

8 Hammel- oder 12
Lammkoteletten
Salz, Pfeffer
2 EL Olivenöl
Kräuterbutter:
4 EL frische Butter,
zimmerwarm
Je 1 EL Schnittlauch,
Petersilie und/oder Kresse
und/oder Kerbel
Salz, Pfeffer
1 TL Zitronensaft

LAMM MIT GETROCKNETEN PFLAUMEN

ZUTATEN:

200 g getrocknete
Pflaumen, entsteint
½ l Wasser
1 EL Olivenöl
ev. 1 TL Zucker
100 g Mandeln
2 EL Olivenöl
750 g Lammragout
mit Knochen
150 ml Hühner- oder
Gemüsebrühe
1 Briefchen Safran
¼ l Wasser
1 Pr. Salz
4 Artischockenherzen
Salz, Pfeffer

Die Pflaumen mit dem Wasser, Oel und Zucker weichkochen (ca. 20 Min.).
Die Mandeln mit kochendem Wasser übergiessen, einige Min. stehen lassen, schälen, in einer Bratpfanne ohne Fettzusatz einige Min. trocknen. Sie sollen keine Farbe annehmen.
Das Oel erhitzen, das Fleisch darin anbraten, mit der Brühe ablöschen, Safran beigeben, zugedeckt 2 Stunden köcheln lassen, dabei nach und nach den Pflaumensud beigeben.

In der Zwischenzeit Wasser und Salz aufkochen, die Artischockenherzen darin weichkochen (ca. ¼ Std.). Das Wasser abschütten. Fleisch, Mandeln, Artischocken und Pflaumen erst vor dem Servieren miteinander vermengen. Dazu passt am besten Fladenbrot. (s. Seite 126)

LAMMRAGOUT MIT EIERSAUCE, EIN OSTERGERICHT

Das Olivenöl erhitzen, die Knoblauchzehen darin hellbraun werden lassen. Das Fleisch beigeben, anbraten, würzen. Mit der Hälfte der Brühe ablöschen.
Zugedeckt auf kleiner Flamme ca. 1 Std. schmoren, gelegentlich umrühren, nach der halben Kochzeit den Rest der Brühe beigeben.
Das gegarte Fleisch in einer gut vorgewärmten Schüssel anrichten.

Die Eigelb mit dem Zitronensaft im Wasserbad zu einer schaumigen Creme rühren, salzen, pfeffern, die Sauce über das Fleisch giessen.
Löwenzahn- oder Spinatsalat mit Frühlingszwiebeln dazu.

ZUTATEN:

2 EL Olivenöl
2 Knoblauchzehen,
geschält, gehackt
800 g Lammragout
mit Knochen
Salz, Pfeffer
200 ml Hühner- oder
Gemüsebrühe
4 Eigelb
1 Zitrone, Saft
Salz, Pfeffer
1 TL getrockneter oder 2
Zweige frischer Estragon

UNSERE WEINEMPFEHLUNG:

Spätburgunder Spätlese
trocken

LAMMRAGOUT MIT ZITRONENSAUCE, EIN OSTERGERICHT

ZUTATEN:

4 EL Olivenöl
5 ganze Knoblauchzehen
mit der Schale
800 g Lammragout
mit Knochen
200 ml Hühnerbrühe
Salz, Pfeffer
2 Büschel Petersilie,
fein gehackt
1 Zitrone, Saft

Das Oel erhitzen, die Knoblauchzehen darin hellbraun braten. Das Fleisch beigeben, anbraten, mit der Hälfte der Hühnerbrühe ablöschen. Zugedeckt auf kleiner Flamme 1 Std. schmoren. Restliche Brühe nach und nach zugeben.
Die Knoblauchzehen entfernen, ev. nachwürzen. Das Fleisch auf einer gut vorgewärmten Schüssel anrichten. Mit der Petersilie bestreuen, dem Zitronensaft beträufeln und sofort servieren.

LAMM MIT WEISSEN BOHNEN

Die Bohnen über Nacht in lauwarmem Wasser einweichen. Das Oel erhitzen, das Fett darin auslassen, das Fleisch beigeben. Anbraten, die Zwiebel beigeben, mitdämpfen. Die Bohnen abschütten, zum Fleisch geben. Das Mehl darüberstäuben, so viel heisse Brühe zugeben, dass Fleisch und Bohnen damit bedeckt sind. Lorbeerblatt, Bohnenkraut und Knoblauch dazulegen. Zugedeckt 1½ Std. köcheln lassen. Erst vor dem Servieren salzen und pfeffern.

Weiß- oder Fladenbrot dazu servieren.

ZUTATEN:

500 g getrocknete weiße Bohnen
2 El Olivenöl
100 g Gänseschmalz
750 g Lammragout mit Knochen
1 Zwiebel, geschält, grob gehackt
¾ l heisse Gemüsebrühe
1 Lorbeerblatt
2 Zweige frisches oder ½ TL getrocknetes Bohnenkraut
2 Knoblauchzehen, gepresst
Salz, Pfeffer

Lamm auf Balkanart

2 EL Olivenöl

750 g Lammragout
mit Knochen

100 ml trockener Weißwein

1 EL Rosenpaprika

1 Lorbeerblatt

2 Gewürznelken

250 g Tomaten, in Schnitze
zerteilt,

600 ml Hühnerbrühe

250 g Langkornreis (ich
nehme Arborio)

abgeriebene Schale von
½ Zitrone

2-4 EL Petersilie, fein
gehackt

Salz, Pfeffer

Das Oel erhitzen, das Fleisch darin anbraten. Mit dem Wein ablöschen, den Wein
einkochen lassen. Die Gewürze und
die Tomaten und die Hälfte der Brühe beigeben. Zugedeckt ½ Std. köcheln lassen.
Die Nelken entfernen, den Reis und die
restliche Brühe daruntermengen. Ca ¼
Std. köcheln (nicht mehr zudecken).
Ev. noch etwas Wasser beigeben.
Der Reis soll nicht zu trocken sein.

Dann die Zitronenschale und die Petersilie daruntermengen, noch einige Min.
köcheln. Ev. noch nachsalzen, pfeffern.
Grüner oder gemischter Salat dazu
servieren.

Couscous mit Lamm

Die Kichererbsen über Nacht in kaltem Wasser einweichen, dann das Wasser abschütten. Das Fleisch würzen. Das Bratfett erhitzen, das Fleisch ringsum anbraten. Zwiebel, Knoblauch, die Kichererbsen, die Tomaten, die Hühner- oder Gemüsebrühe, das Safranpulver und die Pfefferschote beigeben. Zugedeckt 40 Min. köcheln lassen. Gelegentlich umrühren. Die Karotten, die Paprika, den Kürbis beigeben. Nochmals ca. 40 Min.

zugedeckt köcheln. Umrühren nicht vergessen, ev. noch etwas Wasser beigeben. Das Couscous gemäss dem Rezept auf Seite 127 garen. Auf einer vorgewärmten Platte dem Rand entlang anrichten, das Fleisch und die Gemüse in die Mitte der Platte geben. Mit der Pfefferminze bestreut servieren.

ZUTATEN:

100 g getrocknete Kichererbsen
750 g Lammragout mit Knochen oder 600 g Lammragout entbeint
Pfeffer, Muskatnuss, Nelkenpulver, Zimtpulver
1 EL Bratfett
2 Zwiebeln, geschält, fein gehackt
3 Knoblauchzehen, geschält, gepresst
500 g Tomaten, geschält, in Schnitze geschnitten
200 ml Brühe
1 Briefchen Safran
1 Pfefferschote, halbiert, Kerngehäuse entfernt, fein gehackt
4 Karotten, geschält, in Rädchen geschnitten
je 1 rote, 1 gelbe, 1 grüne Paprikaschote, halbiert, Kerngehäuse entfernt, in Streifen geschnitten
300 g Kürbis oder Zucchini, in Würfel geschnitten
300 g Couscous (Reformhaus)
einige Blätter frische Pfefferminze, gehackt, oder
1 Teebeutel getrocknete

SCHASCHLIK

ZUTATEN:

Marinade:
4 EL Ketchup
2 EL Olivenl
Saft ½ Zitrone
Salz
Schwarzer Pfeffer,
grob gemahlen

600 g Lammfleisch (aus
der Schulter), in Würfel von
ca. 2½ cm geschnitten
150 g durchwachsener
Schweinespeck, in 1 cm
dicke Scheiben geschnit-
ten, die etwas grösser sind
als die Fleischwürfel
3 Paprika, wenn möglich
verschiedenfarbig, entzwei-
geschnitten, Kerngehäuse
entfernt, in Vierecke von
ca. 4 x 4 cm geschnitten
2 Zwiebeln, in dicke Ringe
geschnitten
2 EL Olivenöl
Salz, Pfeffer

Die Marinade zubereiten. Fleisch, Speck,
Paprika und Zwiebelringe abwechslungs-
weise auf Holzspiesse stecken. Gut
zusammenschieben. Mit der Marinade
bepinseln, auf Holzkohlenglut oder in
einer Auflaufform im auf heissteste Stufe
vorgeheizten Backofen auf jeder Seite
ca. 5 Min. braten.
Fladenbrot dazu servieren.

Kebab

Fleisch, Petersilie, Zwiebel, Knoblauch und Gewürze gut miteinander vermengen. Esslöffelgrosse Klumpen dieser Mischung länglich um Fleischspiesse herumdrücken. Mit dem Oel bepinseln und über der Holzkohleglut grillen, indem man sie von Zeit zu Zeit dreht, bis das Fleisch geröstet ist. Fladenbrot dazu.

ZUTATEN:

350 g Lammfleisch, gehackt
150 g Kalbfleisch, gehackt
2 EL Petersilie, fein gehackt
1 Zwiebel, fein gehackt
2 Knoblauchzehen, gepresst
1 Msp. Piment
1 Msp. Zimt
Salz, Pfeffer
1 EL Olivenöl

Pfannen-Gyros

ZUTATEN:

600-800 g Lammfleisch,
vom Metzger quer zur Faser
in ca. ½ cm dicke Streifen
geschnitten und geklopft
1 EL getrockneter Thymian
1 EL getrockneter Oregano
1 Knoblauchzehe, gepresst
4 EL Olivenöl
150 g fetter gesalzener
Speck, dünn geschnitten

Die Fleischstreifen und den Speck mit einer Marinade von Thymian, Oregano, Knoblauch und Olivenöl mischen, über Nacht stehen lassen. In einer (möglichst eiserner) Bratpfanne bei starker Hitze knusprig braten.

Dazu gehören kurz in kochendem Wasser blanchierte rohe Zwiebelringe, Krautsalat und Fladenbrot (s. Seite 126).

ČEVAPČIĆI

Das Fleisch mit den Gewürzen gut vermengen. Das Oel erhitzen, die Knoblauchscheibchen darin rösten, dann mit einer Gabel zerdrücken und zum Fleisch mengen. Dieses zu knapp 3 cm dicken und etwa 5 cm langen Würstchen formen, die im Mehl gerollt und dann 1 Std. zum Trocknen gestellt werden. Auf diese Weise zerfallen die Würstchen beim Braten nicht.
Vor dem Braten mit Oel bepinseln, auf Holzkohle oder unter dem Elektrogrill grillen.
Dazu gehören Kartoffelscheiben, die man ebenfalls grillt oder in der Pfanne röstet, sowie ein Salat von Zwiebel- und Paprikaringen und Tomatenschnitzen.

ZUTATEN:

300 g Lamm- oder
Hammelfleisch, gehackt
200 g Rindfleisch, gehackt
½ TL Currypulver
Muskat, Pfeffer, Salz
1 Tl Oliven- oder
Sonnenblumenöl
2 Knoblauchzehen, in
Scheibchen geschnitten
oder gehobelt
3 EL Weißmehl
1 EL Olivenöl

LAMM IM TEIGMANTEL

Saucenfond:
2 EL Olivenöl
ca. 700 g Lammknochen
1 Zwiebel, besteckt mit
1 Lorbeerblatt
2 Karotten, geschält
1 Lauchstengel, längs aufgeschnitten
¼ Sellerieknolle, geschält
1 Tomate, in Schnitze
zerteilt
2 l Wasser
1 Bund Petersilie
5 schwarze Pfefferkörner
Salz

Füllung:
300 g Champignons
1 Zwiebel, fein gehackt
1 Knoblauchzehe, gepresst
1 Zweiglein Thymianblätter,
vom Stengel gestreift
2 Salbeiblätter

Fleisch:
600 g Lammfleisch ohne Knochen, in 4 flache
Scheiben zerteilt, so dass man sie mit Füllung belegen und aufrollen kann (vom Metzger so verlangen)
2 EL Bratbutter, 2 EL Butter
750 g frischer Spinat
Salz, Pfeffer
1 Paket Blätterteig (350 oder 400 g)
1 Eiweiss, 1 Eigelb, 1 TL Olivenöl

Sauce:
Den obigen Fond (auf 200 ml eingekocht)
200 ml Rahm
4 EL obiger Füllung
Salz, Pfeffer

Lemberger Q.b.A., trocken
Im Barrique gereift
Uhlbacher Götzenberg,
Gutsabfüllung

Lamm im Teigmantel

Fond:
Das Oel erhitzen, Knochen, Zwiebel und Gemüse darin stark anbraten. Das Wasser dazugiessen, Petersilie, Pfeffer und Salz beifügen. Alles auf kleinem Feuer ca. 3 Std. kochen. Dann abseihen (die Knochen entfernen, die Gemüse gut in den Fond ausdrücken. Diesen auf 200 ml einkochen lassen.

Füllung:
Alle Zutaten nach und nach in der Küchenmaschine möglichst fein hacken. Es muss ein homogener Brei entstehen.
Ca. 4 EL davon beiseitestellen.

Fleisch:
Das Fleisch würzen, mit der obigen Füllung bestreichen, aufrollen, mit Küchenfaden zusammenbinden.
Die Bratbutter erhitzen, die Fleischpakete darin ringsum anbraten (ca. 5 Min.).

Die Butter in einem Kochtopf erhitzen, den gewaschenen Spinat ganz nass dazugeben, zugedeckt einige Min. dünsten. Würzen.
Den Blätterteig dünn viereckig auswallen und in 4 ca. 15 x 20 cm grosse Rechtecke zerteilen. Den Spinat in die Mitte der Teigstücke streichen.
Den Küchenfaden vom Fleisch entfernen. Die Fleischstücke auf den Spinat legen. Die Längsteile des Teigs über das Fleisch

schlagen, die Teigränder mit Eiweiss bepinseln und die oberen und unteren Teigteile über das Paket schlagen. Ev. aus Teigresten Verzierungen anbringen. Alles mit dem Eigelb bepinseln. Im auf 180 ° C vorgeheizten Ofen 20 Min. backen.
Sauce: Den eingedickten Fond, die zurückbehaltene Füllung und den Rahm aufkochen, ev. nachwürzen. Separat dazu servieren.
Grüner, gemischter oder Tomatensalat dazu servieren.

Uff, das war das komplizierteste Rezept, das ich je gekocht und dann geschrieben habe. Aber die Arbeit lohnt sich!

123

LAMMFLEISCHBÄLLCHEN MIT SESAM

500 g Lammfleisch,
gehackt
1 Ei
2 EL gekochter Reis
1 El Olivenöl
2 Knoblauchzehen,
gepresst
1 Msp. Zimt, gemahlen
1 Msp. Kreuzkümmel,
gemahlen
1 Msp. Koriander,
gemahlen
1 TL Minze, fein gehackt
150 g Feta-Käse, in Würfel
von 1 x 1 cm geschnitten
3 EL Sesamsamen
5 EL Olivenöl

Fleisch, Ei und Reis miteinander zu einem
Teig verarbeiten. Das Oel erhitzen, die
Knoblauchzehen darin andünsten,
Gewürze beigeben, einen Moment mit-
dünsten, mit der Minze zum Teig geben.
Alles gut durcheinandermengen. Daraus
esslöffelgrosse Bällchen drehen, einen
Käsewürfel hineindrücken, alles in
Sesamsamen wälzen. Im rauchheissen
Oel einige Min. braten.

LAMMCURRY MIT BANANEN

Das Oel erhitzen, das Fleisch beigeben, bei mittlerer Hitze braten, bis das Fleisch hell geworden ist. Die Zwiebeln mitdünsten, bis sie glasig sind. Das Currypulver beigeben, Hitze erhöhen, 2 Min. braten. Mit der Brühe ablöschen. Köcheln lassen, bis das Fleisch gar ist, würzen. Warmstellen.

Die Butter schmelzen, den Zucker beigeben und bei mittlerer Hitze zergehen lassen. Die Bananen dazulegen, ca. 2 Min. dämpfen. Neben das Curryfleisch legen. Die Kokosflocken ohne Fettzugabe hellbraun rösten. Ueber die Bananen verteilen. Trockenreis dazu.

ZUTATEN:

3 EL Sonnenblumenöl
600 g Lammfleisch, geschnetzelt
2 Zwiebeln, geschält, in Ringe geschnitten
1 - 2 EL Currypulver
400 ml Gemüse- oder Hühnerbrühe
Salz, Pfeffer
1 EL Butter
1 EL Zucker
2 Bananen, geschält, der Länge nach halbiert
2 EL Kokosflocken

Beilagen zu Lamm- und Zickleingerichten ...

Fladenbrot

Die Hefe im Wasser auflösen, einige Min. stehen lassen. Währenddem das Mehl in eine Schüssel sieben. Das Salz dem Schüsselrand entlang streuen. In der Mitte eine Vertiefung machen. Die Hefe-Wasser-Mischung hineinschütten. Etwas Mehl dazurühren. ¼ Std. stehen lassen. Die Teigschüssel auf eine tiefgelegene Arbeitsfläche (z.B. in den Spültrog) stellen, zuerst mit einem Kochlöffel, später von Hand nach und nach das Wasser unter das Mehl arbeiten. Den Teig auf den Küchentisch legen und mindestens 5 Min. gut durchkneten. Zu einer Kugel formen, in die Schüssel zurücklegen, mit einem feuchten Tuch bedeckt an einem mindestens 20° C warmen Ort 2 Std. gehen lassen.

Von neuem durchkneten. Den Teig zu einer Kugel formen, diese wie eine Torte in vier Teile teilen. Diese Teile einzeln gut durchkneten und halbieren. Jeden Teil wieder zu einer Kugel formen, diese mit dem Teigroller zu einem ca. 1 cm dicken Fladen ausrollen. Auf ein mit Oel bespinseltes Kuchenblech legen. Mit einem feuchten Tuch bedeckt nochmals ½ Std. gehen lassen. Mit einer Stricknadel viele Löcher in den Fladen stechen. Im auf 200 ° C vorgeheizten Backofen goldbraun backen (ca. ½ Std.). Möglichst frisch servieren.

Polenta

Das Wasser mit dem Salz aufkochen. Den Kochtopf vom Feuer nehmen. Den Mais einrieseln lassen, gut umrühren. Einen Kochlöffel quer über den Kochtopf legen. Den Kochtopf wieder aufs Feuer geben. Mit einem Deckel halb zudecken, (sonst verspritzt die aufkochende Polenta die ganze Kochherdfläche!), die Flamme so zurückdrehen, dass die Polenta nur noch köchelt, nach einigen Min. den Deckel entfernen. ¾ Std. köcheln. Die Butter, evtl. den Knoblauch und den Rosmarin unterrühren. In einer gut vorgewärmten Schüssel anrichten. Die Polenta hat eine Kruste am Kochtopf gebildet. Diese lässt sich leicht entfernen, wenn man den ausgekratzten Kochtopf mit kaltem Wasser füllt und bis zum nächsten Tag stehen lässt.

... DIE NICHT IN JEDEM KOCHBUCH ZU FINDEN SIND

Couscous

300 g Instant-Couscous (Reformhaus)
Ich bin sonst gegen alle Instant-Produkte.
Hier muss ich gezwungenermassen eine
Ausnahme machen. Couscous aus
Hartweizengriess in Originalform herzu-
stellen, ist sehr arbeitsaufwendig. Aber zu
unserm Couscousrezept gehört es nun
einmal. Ich tröste mich damit, dass ich
das nicht jeden Tag esse.

Safran-Risotto

Butter und Oel erwärmen, Zwiebel und
Knoblauch darin andämpfen (aber nicht
braun werden lassen!), den Reis beigeben, durchdämpfen, mit dem Wein ablöschen. Den Wein einkochen lassen. Das
Safranpulver beigeben. Schöpflöffelweise
Brühe beigeben. Diese immer wieder einkochen lassen. (Kochtopf nicht zudecken,
rühren!). Nach 18 Min. ist der Risotto gar.
Kochtopf vom Feuer nehmen. Butter und
Käse unterrühren. Zugedeckt 3 Min. stehen lassen. In einer vorgewärmten Schüssel anrichten. Mit Petersilie bestreuen.

Kartoffelgratin

Die Kartoffelscheiben in eine ausgebutterte Auflaufform schichten. Rahm, Brühe
und Pfeffer verquirlen, darüber verteilen,
ev. noch nachsalzen.
Die Butterflöckchen darüber streuen. Im
Auf 200° C vorgeheizten Ofen 1¼ Std.
gratinieren.

Kartoffelgratin, 2. Art

800 g rohe Kartoffeln, geschält,
in Scheiben geschnitten
restliche Zutaten und Arbeitsvorgang wie
oben, Backzeit 1-1¼ Std.

ZUTATEN:

Safran-Risotto
1 EL Butter
1 EL Olivenöl
1 Zwiebel, fein gehackt
1 Knoblauchzehe, gepresst
300 g Arborio- oder
Carnaroli-Reis
300 ml trockener Weißwein
1 Brieflein Safranpulver
ca. ¾ l Hühner- oder
Zickleinbrühe
2 EL Butter
100 g Parmesankäse, gerieben
1 EL Petersilie

Kartoffelgratin
800 g Kartoffeln, in der
Schale knapp weichge-
kocht, geschält, in
Scheiben geschnitten
200 ml Rahm
100 ml Gemüsebrühe
Pfeffer, ev. Salz
Knoblauch, gepresst, (aber
nur, wenn im Fleischrezept
kein Knoblauch enthalten
ist)
2 EL Butterflöckchen

Tomatensauce
2 EL Olivenöl
1 Zwiebel, gehackt (sofern
im Fleischrezept nicht
schon Zwiebel enthalten
ist)
600 g Tomaten, geschält,
in Schnitze zerteilt
2 El Tomatenpüree
2 EL trockener Rotwein
Salz, Pfeffer

Zwiebelsauce (zu grilliertem Lammfleisch)
500 g Zwiebeln, in dünne
Scheiben geschnitten
ca. 200 ml Wasser
1 EL Mehl
2 Eigelb
2 EL saurer Rahm
Salz, Pfeffer

Tomatensauce
Das Olivenöl erhitzen, die Zwiebel darin
andämpfen, die
Tomatenschnitze beigeben, mitdämpfen,
bis sie Saft ziehen, das Tomatenpüree
und den Wein beigeben. ¼ Std. köcheln.
Durch ein Sieb streichen, würzen.

**Zwiebelsauce (zu grilliertem
Lammfleisch)**
Die Zwiebeln knapp bedeckt mit Wasser
weichkochen (ca. 30 Min.). Durch ein Sieb
streichen. Mit dem Mehl zu einem dicken
Brei kochen. Eigelb und Rahm miteinander vermengen, das Zwiebelmus dazugeben, gut verrühren, nochmals aufkochen,
würzen.

Wenn meine Rezepte dazu beitragen können, den Absatz von einheimischem
Lamm-, Ziegen- und Zickleinfleisch zu fördern, dann hat meine Arbeit ihren
Zweck erreicht. Ganz abgesehen davon, dass Sie, liebe Leserin, lieber Leser,
sich damit ein auch noch Ihrer Gesundheit förderliches Gaumenvergnügen
bereiten (siehe Seiten 64-77 Beitrag Worm.)!

Köchinnen und Köchen, die gern experimentieren, empfehle ich, anstelle von
Lamm- Zickleinfleisch zu nehmen und umgekehrt. Nur: bei Lamm ziehe ich
trockenen Rotwein vor, bei Zicklein mundet mir trockener Weisswein jeweils
besser. Aber das ist Geschmackssache.

Woher die vorliegenden Rezepte stammen?

Zum Glück sammle ich seit fünfzig Jahren Kochbücher. Nicht nur deutsche und schweizerische, auch englische, französische, italienische und sogar zwei lateinische sind dabei.

Deshalb finden Sie, liebe Leserin, lieber Leser, hier eine recht internationale Auswahl an Lamm-, Zicklein-, Schaf- und Ziegenrezepten. Ich habe bewusst Rezepte ausgewählt, deren Zutaten heutzutage problemlos in Baden-Württemberg zu beschaffen sind.

Ziegenzuchtbetriebe Selbstvermarkter

Ulrike und Hartmut Binder
Waldenbucher Str. 75
71093 Weil im Schönbuch
Tel.: 07157 / 61296

Hildegard und Heinrich
Wenzelburger GbR
Tübinger Str. 72
72666 Neckartailfingen
Tel./ Fax: 07127 / 33070

Hofgut Jungborn
Fachhochschule Nürtingen
Tiefenbachstrasse
72622 Nürtingen
Tel.: 07022 / 37023

Ziegenhof
Ulrike Kaiser-Taudte
Eineckweg 3
72417 Jungingen
Tel.: 07477 / 1614
Fax: 07477 / 151310

Züchtergemeinschaft P&P
Sonnenhof
89155 Ersingen
Tel.: 07305 / 3806

Robert Dinser
Heiligenbruch 2
73565 Spraitbach
Tel. / Fax: 07176 / 4248

Zick de Hohenlohe
Hohenloher Ziegenhof
Ingrid Bischoff
Klingenstr. 23
74532 Ilshofen-Unteraspach
Tel.: 07904 / 8811
Fax: 07904 / 940376

Ziegenhof Capella
Bachhof
88433 Schemmenberg
Tel.: 07356 / 928374
Fax: 07356 / 928373

Nußlocher Ziegenhof
Stefanie Schott und Joachim
Kamann
69226 Nußloch
Tel.: 06224 / 75423
Fax: 06224 / 75686

Kurt Widmaier
Tirolerstr. 11
71229 Leonberg
Tel.: 07152 / 49346
Oder 0171 / 3661414

Ziegen und Schafe
Isabell Kraft
74427 Fichtenberg
Tel.: 07971 / 6945

Karen Feucht-Ripberger
Salzhof-Hintereschbach 27
79252 Stegen
Tel.: 07661 / 61531
Fax: 07661 / 981827

Fam. Otto Rees
Katzental 3
79289 Horben
Tel.: 0761 / 29583
Fax: 0761 / 290190

Schafzuchtbetriebe Selbstvermarkter

Karl O. Hagenlocher
Wiesenweg 45
75323 Bad Wildbad
Tel.: 07085 / 7471

Ernst Pfeffer
Schietingerstr. 86/1
72160 Untertalheim
Tel.: 07486 / 518

Karl Braun
Eisenbahnstr. 31
73265 Dettingen / Teck
Tel.: 07021 / 81690
oder 0171 / 8391498
Fax: 07021 / 489093

Kurt Hertler
Im Weiler 1
70794 Filderstadt-Sielmingen
Tel.: 07158 / 64658
Fax: 07158 / 64658

Alois Erhard
Lange Str. 8
73495 Birkenzell
Tel.: 07964 / 678

Werner Kaufmann
Glashütte 2
73432 Aalen
Tel.: 07361 / 87797

Karl Wohlfarth
Hölderlinstr. 4
72336 Balingen
Tel. und Fax: 07433 / 7778

Joachim Lohmann
Cas-Katz. Str. 20
76593 Gernsbach
Tel.: 07224 / 2144
Fax: 07224 / 68834

Schäferei Golderer
Wolfsbergallee 55
75177 Pforzheim
Tel.: 07231 / 312298

Helmut Feldmann
Herzengasse 3
72411 Bodelshausen
Tel.: 07471 / 71901

Helmut Thumm
Moosweg 1
89176 Asselfingen
Tel.: 07345 / 7673
Oder 07345 / 21273

Hans-Dieter Wahl
Heideweg 1
73642 Eberhardsweiler
Tel.: 07182 / 8210
Fax: 07182 / 4447

Milchschafhaltevereinigung
Baden-Württemberg
In den Dorfwiesen 10
71720 Oberstenfeld
Tel.: 07062 / 21203
Fax: 07062 / 3629

Dieter Hertler
Schafhof
73326 Deggingen
Tel.: 07334 / 8942

Dieter Fischle
Alte Dorfstr. 7
73773 Aichwald
Tel.: 0711 / 364538
Fax: 0711 / 9364880

Wilfried Jezierny
Zellerstr. 14
73101 Aichelberg
Tel.: 07164 / 7339

Thomas und Paul Lang
Heckfelderstr. 28
97941 Dittwar
Tel.: 09341 / 4285
Fax: 09341 / 4285

Thomas Fetzer
Schillerstr. 11
73340 Amstetten-Schalkstetten
Telefax: 07331 / 43291

Fritz Rehm
Am Horn 1
79350 Sexau
Tel.: 07641 / 41544

Hermann Gindele
Mauren 8
88370 Ebenweiler
Tel.: 07584 / 2881

Schäferei Willi Herb
Am Viehweg 3
73337 Überkingen-Hausen
Te. und Fax: 07334 / 5661

Eckhard Schöllhammer
Dottingerstr. 30
72525 Münsingen
Tel.: 07381 / 4432
und 0175 / 3610271

Norbert Fischer
Blaufelderstr. 49
74595 Langenburg
Tel.: 07905 / 475
Fax: 07905 / 940443
e-mail: nfschafskaese@aol.com

Bernhard Hildebrand
Dettelbachstr. 1
78315 Radolfzell-Liggeringen
Tel.: 07732 / 13510

Hermann Gulde
Laurentiusstr. 1a
88682 Salem
Tel.: 07553 / 7121
Oder 0171 / 4080808

Gero Albrecht
Hof Schapbuch
88682 Salem
Tel.: 07553 / 7502
Fax: 07553 / 7502

Alfons Gimber
Neckargmünderweg 2
74931 Lobenfeld
Tel. und Fax: 06226 / 41478

Erich Allmendinger
Allmersbacherstr. 9
71573 Heutensbach
Tel.: 07191 / 53354

Burkhard Schirrmeister
B.v. Hohenfelsstr. 20
78354 Sipplingen
Tel.: 07551 / 63609
Fax: 07551 / 3169

Schafhaltergemeinschaft
Häg Altenstein
79685 Häg-Ehrsberg
Tel.: 07625 / 7134 oder 7113

J. & M. Stegmayer
Brunnenfeld 8
89537 Giengen
Richtung Heidenheim
Tel.: 07322 / 932217

Ruth Testet
Kehrweg 22
89567 Sontheim
Tel.: 07325 / 3744

Martin Ernst
Wiesenstr. 5
74255 Roigheim
Tel.: 06298 / 5344
Fax: 06928 / 5344

Fritz Sigloch
Jahnstr. 1
74366 Brackenheim-Meimsheim
Tel.: 07135 / 4623

Wolfgang Lechner
Sigmaringer Str. 1
72514 Inzighofen
Tel.: 07571 / 51227

Karl Belz
Bernbrunnenstr. 7
74831 Gundelsheim-Höchstberg
Tel.: 07136 / 4369

Eberhardt Bitterer
In den Schafhofäckern 200
73230 Kirchheim / Teck
Tel.: 07021 / 49327

Uwe Höhn
Markgräflerstr.26
79379 Müllheim-Britzingen
Telefax: 07631 / 172100

Alexander Wagner
Römerstr. 21
69226 Nußloch
Tel.: 06224 / 990713
oder 06224 / 990712
Fax: 06224 / 990720

Herbert Wiedenmann
Wiesenstr. 2
89542 Herbrechtingen
Tel.: 07324 / 7471

Albert Häßler
Rangenberg Hof
72800 Eningen u. A.
Tel.: 07121 / 8977131
Fax: 07121 / 8977130

Gerhard Stotz
Auf der Viehweide
72525 Münsingen
Tel. 07381 / 1414

Inhaltsverzeichnis

KATHRIN RÜEGG
CURRICULUM VITAE

Ich bin Schriftstellerin, 70 Jahre alt. Über meine letzten 30 Lebensjahre gibt es 11 Bücher (siehe Buchverzeichnis), die mein Leben im Tessin beschreiben. Ein sehr , sehr abenteuerliches Leben sozusagen eine Robinsonade, auch wenn es in einer recht zivilisierten Gegend stattfindet. Im Tessin nämlich. Aber natürlich nicht an einem Fremdenkurort, sondern im Verzascatal, in einem Haus, zu dem man zu Fuss gehen muss. Die Erklärung, weshalb ich es überhaupt wagen konnte, vom sehr komfortablen Stadtleben (als Geschäftsinhaberin in Basel) in anfänglich primitivstes Landleben umzusteigen, findet sich in einem weiteren Buch ("Als die Großmutter noch jung war"), das meine Jugendjahre beschreibt. Da habe ich nämlich gelernt, wie man auf Holzfeuer kocht, wie man in einer Küche ohne fließendes Wasser arbeitet, wie man Tiere und Garten hegt.

Und heute?
Da arbeite ich immer noch zusammen mit W.O. Feisst als Moderatorin im Südwestrundfunk in einer Sendung, die es schon seit bald 20 Jahren gibt ("Was die Großmutter noch wusste").
Ich wohne immer noch im Verzascatal, immer noch mit vielen Tieren und einem Garten. Dazu gekommen ist vor 20 Jahren auch ein kleines Ladengeschäft, das etlichen Talbewohnern Zusatzdienst ver-

schafft. Wir verkaufen da auch verschiedene Tessiner Honigsorten, Fleischwaren, Käse, Konfitüren, Gelées und Sirupe, hauptsächlich aus hier gewachsenen Früchten und Beeren.
Mein Haus habe ich mit vielen Hindernissen vergrößern und komfortabler machen können. So dass es möglich ist, Gäste aufzunehmen und Kurse durchzuführen (Spinnen mit dem Spinnrad, Wolle mit Pflanzen färben, Brot backen, alte und neue Konservierungsmethoden, Kochkurse für Anfänger (auch spezielle Kurse für Männer), Wanderkurse (im Herbst Wanderkurse mit dem Ziel, Kastanien zu sammeln und dann auf vielfältige Weise zu Speisen zu verarbeiten).
Neuestes Kind ist eine winzige Zeitung, die "Froda-Post", die dreimal jährlich erscheint und die Sie anfordern können.
Adresse:
Kathrin Rüegg, CH 6635 Gerra Verzasca.

Wein - ein Genuss für alle Sinne

Und welchen Wein soll man nun zum Lamm- oder Zickleingericht trinken?
Vollmundige, trockene Weine aus Württemberg oder Baden können mit Weinen anderer Provenienzen ohne weiteres mithalten - runden die Vielfalt der Zubereitungsmöglichkeiten in erfreulicher Weise ab.

Lemberger Q.b.A. trocken
Im Barrique gereift
Uhlbacher Götzenberg, Gutsabfüllung
Ein rot-violettes Farbenspiel präsentiert sich im Glas. Die durch die Reifung im Barrique typischen an Vanille und Kaffee erinnernden Aromen ergeben in Kombination mit den Aromen der Lembergertraube einen vollendeten Wein. Der Wein zeichnet sich durch einen lang anhaltenden Abgang aus und verspricht einen Trinkgenuß der besonderen Art.

Dornfelder Q.b.A. trocken
"Tradition"
Uhlbacher Götzenberg, Gutsabfüllung
Tiefes, dichtes und dunkles Violett zeigt dieser Dornfelder. Sein Duft erinnert dezent an reife Kirschen und Zwetschgen. Der Geschmack lässt einen die Fülle und die Kraft dieses Weines spüren. Weiche Tanninen sind vereint mit dem fruchtigen Geschmack und zaubern eine angenehme Freude.

Dornfelder Q.b.A. halbtrocken
"Elegance"
Uhlbacher Götzenberg, Gutsabfüllung
Dunkle violette Töne spielen mit dem Augenblick und machen neugierig auf diesen Wein. Ein Spiel von dunklen Früchten bringt uns dieser Wein entgegen und bereitet einem ein Trinkvergnügen durch die angenehme fruchtige Süße und den feinen Geschmack.

Trollinger Q.b.A. trocken
Uhlbacher Götzenberg, Gutsabfüllung
Die klassische württemberger Rebsorte zeigt sich hier von Ihrer besten Seite. Die typische ziegelrote Farbe und ein an rote Beeren erinnerndes Bukett sind bezeichnend für diesen Trollinger. Der Geschmack ist von weichen Tanninen und angenehmer Fruchtsäure geprägt.

Trollinger Q.b.A. halbtrocken
Fellbacher Lämmler, Gutsabfüllung
Sein helles Ziegelrot zeigt er im Glas. Zartes, an Früchte des Sommers erinnerndes Bukett wird geschmackvoll vereint mit einem ausgeglichenem Fruchtsüße- und Fruchtsäureverhältnis. Mit seinem weichen und warmen Abgang bleibt er lange in Erinnerung. Die ist unser Charmeur unter den Trollingerweinen.

"Rote Verführung"
Rotwein Cuvée trocken
- im Barrique gereift -

Zuerst verführt ein dunkles Rot das Auge,
dann verführt ein würzig, aromatischer
Duft die Nase und zum guten Schluss ver-
zaubert ein vollendeter Weingenuss die
Geschmackssinne - Verführung pur.

97er Spätburgunder Q.b.A. trocken
- im Holzfass gereift -

Mit einem Farbenspiel von granatrot bis
kirschrot präsentiert sich dieser Wein im
Glas.
Die dezenten Holzfassaromen vereinen
sich mit den fruchtigen Aromen das
Spätburgunders.
Die Samtigkeit dieser Rebsorte lässt den
Wein als warm und angenehm erscheinen.

DAS WEINGUT FRITZ CURRLE

Am Fuße des Götzenbergs, liegt eingebettet zwischen Reb- und Obsthängen, der Stuttgarter Weinort Uhlbach. Hier ist das Weingut Currle zu Hause und feierte 1999 sein 25-jähriges Betriebsjubiläum. Die Familie Currle ist in den Uhlbacher Chroniken schon 1625 erwähnt und seit dieser Zeit mit der Tradition des Weinbaus verbunden. 1974 übernahm Fritz Currle, Weinbaumeister, den elterlichen Weinbaubetrieb und gründete das Weingut Fritz Currle. Zusammen mit seiner Frau Heiderose und Tochter Christel, Technikerin für Weinbau und Kellerwirtschaft, bearbeitet er heute sieben Hektar mit Reben bestockten Hänge des Götzenbergs.

In diesen Weinbergen werden die Trauben für ihre Weine geerntet, welche Sie nun durch das Jahr begleiten können.

Bei der Pflege und dem Schutz der Rebe vor äußeren Einflüssen werden besonders die ökologischen Bedürfnisse berücksichtigt. So ist es zum Beispiel im Weingut Fritz Currle üblich, dass sie Weinberge mit Wildkräutern und verschiedenen blühenden Pflanzen bewachsen sind, um so den wichtigen humusreichen Boden vor Erosion in den Steillagen zu schützen. Gleichzeitig dienen die Blüten der Gräser und Pflanzen dazu, verstärkt nützliche Insekten anzulocken und diese im Weinberg anzusiedeln. Ein Spaziergang durch diese Weinberge ist nicht nur zur Weinlese ein Vergnügen, sondern auch während des Jahres.

Durch eine gezielte Selektion der Trauben im noch grünen Zustand, wird bereits im Sommer Einfluss auf die spätere Weinqualität genommen. Dabei ist es selbstverständlich, einen Teil der noch grünen, unreifen Trauben abzuschneiden, um somit eine optimale Qualität der späteren Weine zu erlangen. Die grün geernteten Trauben werden im Weinberg belassen und dem natürlichen Humuskreislauf zurückgeführt.

Schafe als Landschaftspfleger im Weinberg

Wenn dann im Herbst die Arbeit durch das Reifen der Trauben belohnt wird, schlägt das Herz der Familie Currle höher, denn die Weinlese steht vor der Tür. Die mit Sorgfalt geernteten Trauben werden nach Sorte und Qualitätsstufen getrennt geerntet. Dabei werden die weißen Trauben von den Stielen getrennt und die Beeren schonend gepresst. Der so gewonnene Traubensaft wird anschließend bei niedrigen Temperaturen vergoren, um so das sortentypische Bukett zu erhalten. Auch die roten Trauben werden entstielt, um dann in der traditionellen Maischegärung weiter verarbeitet zu werden. Während der gesamten Zeit der Gärung, ist eine ständige sensorische Überprüfung wichtig, um eventuelle negative Geschmackseinflüsse frühzeitig erkennen zu können. Nur so ist gewährleistet, dass Sie eine ausgezeichnete Qualität im Glase haben. Wenn die Gärung beendet ist, wird der junge Wein geklärt und ist praktisch für Sie zum Trinken bereit. Doch sollten die Weine noch eine gewisse Zeit zum entfalten und entwickeln bekommen ehe sie dann in Flaschen gefüllt werden. Von unseren guten Rotweinen werden die Besten zur weiteren Entfaltung in einem Holzfaß oder im Barrique gelagert.

Eine kleine Auswahl der Weine aus dem Hause Currle wurden als Begleiter zu den leckeren Rezeptvorschlägen ausgewählt, damit Sie ein vollendetes Menü zubereiten können.

Das Weingut und die Familie Fritz Currle wünscht Ihnen viel Spaß beim Lesen dieses Buches und dem Genießen dieser kulinarischen Genüsse.

DER RANGENBERG-HOF - FEINES VOM LAMM

Unsere Schäferei befindet sich außerhalb von Eningen u. A. am Fuße des Rangenberges umgeben von Feldern und Wiesen.
Vom Frühjahr bis in den Spätherbst sind unsere Schafe auf der Weide.
In den Wintermonaten, wenn sich kein Futter mehr findet, sind die Schafe im Schafstall untergebracht und werden mit eigenem Futter versorgt.

Ab Hof bieten wir verschiedene Produkte vom Schaf an
- In unserer Hof-Metzgerei erhalten Sie stets frisches, qualitativ hochwertiges Lamm-fleisch und verschiedene Sorten Lammwurst.
- In unserem Fell-Laden erhalten Sie Schaffelle, eine große Auswahl an Lammfellprodukten und verschiedene Artikel aus Naturwaren.

Unterstützen auch Sie mit Ihrem Einkauf die heimische Landwirtschaft und tragen Sie so zur Pflege und Erhaltung unserer Kulturlandschaft bei.

Albert Häßler
Rangenberg-Hof · 72800 Eningen u. Achalm
Telefon 07121 / 8977131· Telefax 07121 / 8977130

JÖRG EBERMANN ...

... DER GASTRONOM HAT DAS WORT

Bei Ziegen- und Jungziegenfleisch handelt es sich um ein hochwertiges Naturprodukt, welches auf Grund der extensiven Haltung eine Sonderstellung innerhalb der Schlachttiere inne hat. Es ist von der Wertigkeit - in Bezug auf Preis als auch auf Qualität - vergleichbar mit edlem Geflügel, Wild und Wildgeflügel.

Aus der jüngsten Vergangenheit haftet Ziegenfleisch noch das Image des Arme-Leute-Essens an (Bahnwärterskuh), aber wenn man in der Geschichte mehr zurückblickt, so waren an den europäischen Höfen und an den Festtafeln der alten Griechen und Römer Zicklein und Ziegen am Spieß eine der edelsten Speisen und nicht zuletzt dadurch wurde den zu bewirtenden Gästen gegenüber die Wertschätzung deutlich gemacht.

Und auch heute, in einer Zeit, in der die Menschen durch verschiedenste Skandale im Bereich der Massentierhaltung immer wieder aufgerüttelt und sensibilisiert werden und eine Tendenz der Verbraucher dazu da ist, eher wenig und gute Produkte als viel und schlechte Billigprodukte zu genießen, haben Ziegen- und Ziegenprodukte wieder einen steigenden Marktanteil.

Der Verbraucher kann beim Landwirt oder aber beim Metzger einkaufen. Angeboten werden ganze bzw. halbe Schlachttiere, oder aber Teilstücke, auf Wunsch entbeint und küchenfertig hergerichtet.

Mit meiner Beteiligung an diesem Buch möchte ich einen Beitrag dazu leisten, dass diese Produkte dem Verbraucher wieder näher gebracht werden, nicht zuletzt im Interesse unserer Umwelt und Natur.

Ich möchte aber auch zeigen, dass Tiere die uns die Natur schenkt nicht nur aus Rücken und Filetstücken bestehen, sondern dass es sehr wohl auch andere Teile gibt, aus denen man interessante, schmackhafte und auch preisgünstige Gerichte zubereiten kann.

Beim Nachkochen dieser Gerichte (die Rezepte sind für 4 Personen gedacht) wünsche ich Ihnen viel Freude, gutes Gelingen und einen guten Apetitt.

Ein kunstvoll geschmiedetes Wirtshausschild ziert die Fassade der "Linde" in Oberboihingen

RAHMSUPPE VON BÄRLAUCH MIT KITZLEBER

Dem Brandteig 2 entrindete und feingeriebene Toastscheiben und 1 El. ausgedrückten Meerrettich zugeben. Mit Salz, Pfeffer und Muskat würzen, in kochendes Salzwasser kleine Klößchen abstechen und 12 Min. ziehen lassen.

Die Kitzleber am Stück rosa braten und ruhen lassen. Schalotten fein würfeln, in der Butter anschwitzen, mit Wasser ablöschen, dem Mehl bestäuben, leicht angehen lassen, mit der Brühe auffüllen, kurz durchkochen lassen und mit der Sahne verfeinern.

Den Bärlauch und Schnittlauch fein schneiden, ¼ beiseite stellen, den Rest mit der Suppe mixen, die Suppe passieren, die bereitgestellten Kräuter, in Scheiben geschnittene Leber und Meerrettichklößchen als Einlage zufügen und servieren.

ZUTATEN:

Für die Suppe:
0,8 l gute Fleischbrühe
0,3 l Sahne
40 g Butter
60 g Mehl
1/8 l Weißwein
2 Schalotten
je 1 kl. Bund Bärlauch und
wilden Schnittlauch
(im Frühjahr im Wald bzw.
auf Wiesen zu sammeln)
100 g Kitzleber

Für die Klöße:
Brandteig herstellen aus
250 g Milch
70 g Butter
125 g Mehl
2 Eier

ZIEGENKITZFILETS AN BASILIKUMJUS MIT RATATOUILLE-RAVIOLI

ZUTATEN:

8 Jungziegenfilets
3 Knoblauchzehen
1 Thymianzweig
Bratbutter

Basilikumjus:
500 g kleingehackte
Kitzknochen und Parüren
150 g Röstgemüse
(Sellerie, Schalotten,
Zwiebeln)
2 El. Olivenöl
1 El Tomatenmark
4 Knoblauchzehen
2 frische Lorbeerblätter
10 Pfefferkörner
1 Thymianzweig
1 Rosmarinzweig
Basilikumstiele
Estragonstiele

Basilikumjus:

In einem Topf das Olivenöl erhitzen, die Kitzknochen zugeben und braun rösten, die Gemüse beifügen und hellbraun anschwitzen. Tomatenmark dazugeben und ebenfalls kurz mitrösten.

Ablöschen, reduzieren und den Vorgang zweimal wiederholen. Kräuter und Gewürze dazugeben, mit Wasser auffüllen bis die Knochen bedeckt sind (wenig salzen). Etwa 3 Std. köcheln lassen, passieren und um die Hälfte reduzieren. Das Fett, das sich dabei absetzt, abschöpfen. Zum Schluss kalte Butter unterschwenken und in Streifen geschnittenes Basilikum beigeben. Warm halten.

Ravioli-Füllung:

Zwiebeln und Knoblauch in einem Topf mit 1 El. Öl anschwitzen, Auberginen und Paprika dazugeben, mit Salz und Pfeffer würzen und auf kleiner Hitze dünsten. Nach etwa 15 Min. Zucchini, Tomaten, Kräuter und Gewürze dazugeben, dünsten bis die Zucchini weich sind und sämtliche Flüssigkeit verdunstet ist.

1 El. Semmelbrösel hinzugeben, abschmecken und kalt stellen.

Aus den Zutaten für den Nudelteig Teig kneten und etwas ruhen lassen, dann hauchdünn ausrollen und ausstechen (Durchmesser etwa 11 mm), die Ränder mit Eigelb bestreichen, etwas Ratatouille einfüllen und zusammenklappen. In Salzwasser etwa 30 Sekunden kochen und warm stellen.

Pro Person 2-3 Filets in Butter mit 3 Knoblauchzehen und Tyhmianzweig rosa braten, schräg halbieren, etwas Basilikumjus angießen und mit Ratatouille-Ravioli anrichten.

Nudelteig:
200 g Mehl
1 Eigelb
1 Ei
1 EL Öl (Sonnenblumenöl)
Salz

Ratatouille:
75 g Zucchini
75 g Auberginen
50 g Zwiebeln
75 g rote, gelbe und grüne Paprika, kleingewürfelt
50 g kleingewürfelte, abgezogene Tomaten
Salz, Pfeffer
1 Knoblauchzehe
1 Thymianzweig
Basilikum
Kümmelblüte
1 EL Semmelbrösel
1 EL Öl

ZIEGENKITZROLLBRATEN

Die wirtschaftlichste und wahrscheinlich
am häufigsten angewandte Zubereitungs-
art. Prädestiniert sind Schlachtkörper zwischen 11 und 15 kg, die grob zerlegt -
Keule, Schulter und Rücken mit Brust und
Dünnung - vollständig ausgebeint und
gerollt werden, am Stück gebraten und
pro Portion je 1 Tranche der 3 Teile mit der
eigenen Sauce serviert.

JUNGZIEGENFILETS ROH MARINIERT

4 Teller mit Olivenöl, Salz, Pfeffer - bitte Pfeffermühle verwenden - und einem Teil der feingehackten Kräuter bestreuen, darauf die in hauchdünne, feine Scheiben geschnittenen Rückenfilets legen, die Oberseite nochmals würzen wie unten. Zum marinieren ca. 1 Std. im Kühlschrank stehen lassen.

Mit kleinem Salat von Sprossen, Radieschen und Kresse sowie frischgebackenem Weißbrot als sommerliche Vorspeise zu Tisch geben.

ZUTATEN:

360 g schieres Rückenfilet
vom Ziegenkitz
Salz, Pfeffermühle
Olivenöl
Balsamicoessig
Je 1 kleiner Bund Rukola,
Koriander und Basilikum

Ziegenkitzleberklösse

ZUTATEN:

für 10 Personen:

250 g Kitzleber
150 g Schweinefleisch
200 g Putenfleisch
4 Brötchen in Milch einge-
weicht
1 mittelgroße Zwiebel
gewürfelt und vorgedünstet
etwas Muskatnuß
schwarzer Pfeffer aus der
Mühle
Salz, Glutamat
5 Eier
je ½ TL Gehackte frische
Petersilie, Majoran
1 Messerspitze Liebstöckel
(2-3 Blättchen)

Zum Garziehen:
leicht gesalzenes Wasser
oder Fleischbrühe
1 Spickzwiebel (mit
Lorbeerblatt und 2 Nelken)

Die Kitzleber, das Schweine- und Putenfleisch in grobe Würfel schneiden, die ausgedrückten Brötchen und die gedünstete Zwiebel sowie die Gewürze, die Eier und die kleingehackten Kräuter dazugeben. Alles gut vermischen und durch die feine Scheibe des Fleischwolfs drehen. Nochmals gut durchmengen und abschmecken. Mit einem Esslöffel Klöße abstechen und 12 Min. in siedendem, mit Spickzwiebel und Salz gewürztem Wasser oder Fleischbrühe ziehen lassen.
In der Brühe mit goldgelben Zwiebelwürfeln und Schnittlauch geschmälzt oder in Scheiben geschnitten, mit Ei gebraten, servieren.

Gefüllte Jungziegenbrust aus dem Ofen mit Aromaten

Brötchen fein schneiden und mit der kochenden Milch übergießen, mit den Eiern und den Kräutern vermengen, abschmecken. In die Brust mit spitzem Messer eine Tasche schneiden, die Füllung mit einem Spritz-Sack einfüllen und zunähen. In passendem Rotissoire die Brust allseitig anbraten, Fett abgießen, mit dem Rotweinessig ablöschen und zugedeckt im Ofen ca. 40 - 60 Min. garen. Nach und nach die gefällig geschnittenen Gemüse zugeben und mit dem Rotwein ablöschen. Die Brust aufschneiden und mit den Aromaten zu Tisch bringen.

ZUTATEN:

1 kg Jungziegenbrust mit Knochen

Für die Füllung:
4 Brötchen
¼ l Milch
2 Eier
2 EL Gartenkräuter gehackt
Salz, Pfeffer, Muskat

Aromaten:
1 kg rohe Kartoffeln
250 g Schalotten
8 Knoblauchzehen
200 g Champignons
200 g Kirschtomaten
2 Karotten
½ kl. Sellerieknolle
Frischen Thymian und Rosmarin
1/8 l Rotweinessig
½ l Rotwein
Wasser

Gepökelte Jungziegenripple

Zutaten:

1,2 kg fleischige
Jungziegenbrust mit
Knochen (nicht fett)
6 mittelgroße Kartoffeln
Rosmarin, Thymian
Spickzwiebel,
Pökelsalz, Kochsalz
Pfeffer
Bratfett, Butter

Die Jungziegenbrust entlang dem Knochen teilen, mit 20 g Pökelsalz per kg einreiben und 3-4 Tage im Kühlschrank durchziehen lassen.
Vor dem Kochen ca. 2 Std. wässern, dann mit einer Spickzwiebel ca. 50-60 Min. gar ziehen lassen. Währenddessen die roh geschälten Kartoffeln in Würfel schneiden und in reichlich Fett flott braten.

Wenn die Kartoffeln gar sind, das Fett abgießen und mit Butter, dem Thymian und dem Rosmarin nachbraten. Zu den gekochten Jungziegenripple servieren.

WÜRFEL VON DER ZIEGENKEULE AUS DEM KRÄUTERDAMPF

Die Tomaten schälen, halbieren und ausdrücken. 2 Tomaten in Würfel schneiden und beiseite legen, das restliche Tomatenfleisch mit Olivenöl, Schalottenwürfeln und Knoblauchzehe kurz anschwitzen und passieren. Mit Olivenöl, Salz, Pfeffermühle und Limonen würzen und bereitstellen.

Den Teig ausrollen und füllen mit Spinat-Salbeifüllung (8 El. Blattspinat und 1 TL gehackter Salbei, 1 TL Parmesan in Butter anschwitzen, 4 Eigelb und

5 EL geriebenes Weißbrot zugeben) in Salzwasser garen (ca. 8 Min.) und in Olivenöl kurz schwenken. Zum Dämpfen in einen Dampftopf Wasser sowie die Kräuter und Gewürze geben, kurz ankochen lassen, nun in den Dampfeinsatz das gewürzte Fleisch geben und ca. 8-12 Min. rosa dämpfen.

Die Würfel auf dem Tomatenfond anrichten, Ravioli anlegen und mit Basilikumblättern und Tomatenwürfeln garnieren.

ZUTATEN:

600 g rohes schieres
Fleisch aus der Keule in
Würfel (3 cm) geschnitten
je 1 kl. Bund Basilikum,
Thymian und Rosmarin
2 Lorbeerblätter
1 TL Piment
1 Messersp. Pfefferkörner
12 schöne, vollreife
Fleischtomaten
oder ersatzweise außerhalb der Saison 1 Dose
Schältomaten
Olivenöl
Salz, Pfeffermühle
Limonen
1 Schalotte
1 kleine Knoblauchzehe

Für den Ravioli Nudelteig
herstellen aus:

200 g Mehl
3 Eigelb
1 ganzes Ei
etwas Öl und Salz

ROSA GEBRATENES FILET AUF KLEINEM SALPICON VOM HÄXLE

ZUTATEN:

2 hintere Häxle
2 Filets
200 g Röstgemüse
(Zwiebel, Karotten,
Sellerie)
Knoblauch, Rosmarin
½ l Württemberger
Lemberger
Olivenöl
6 Tomaten
Salz, Pfeffermühle
1 Limone

4 mittelgroße Kartoffeln
200 g Mehl
2 Eier
Schnittlauch, Kerbel,
Petersilie

Zuerst die Häxle mit den Gemüsen, Kräutern und Tomaten ansetzen und mit dem Wein zugedeckt im Ofen (ca. 50-70 Min.) weich schmoren. Für die Kräuternocken die Kartoffeln schälen und in Salzwasser kochen. Aus dem Mehl und den Eiern mit etwas Wasser einen Spätzlesteig herstellen. Den Teig mit den gekochten, passierten Kartoffeln und den gehackten Kräutern vermengen, mit Salz und Muskat abschmecken und Nocken abstechen. In kochendem Salzwasser 12 Min. ziehen lassen, dann kurz in kaltem Wasser abschrecken und in Butter schwenken.

Das Filet rosa braten, bereitstellen.
Das Gemüse gefällig schneiden, blanchieren und in Butter schwenken.
Die Häxle ausbrechen, in feine Würfel schneiden und in dem reduzierten Schmorfond schwenken. In die Mitte eines Tellers einen Löffel des Ragouts geben, obenauf das rosa gebratene Filet setzen, mit Gemüse und Kräuternocken umlegen.

KITZBEUSCHERL

Die Innereien in Wasser mit Spickzwiebel und einem Schuß Essig kurz blanchieren, abkühlen und in feine Streifen schneiden. Mit der Hälfte der Butter und der in Streifen geschnittenen Zwiebel gut anbraten, mit dem Wein mehrmals ablöschen, gänzlich reduzieren. Mit Mehl bestäuben, mit Kalbsfond auffüllen und etwa 40-45 Min. langsam weich köcheln lassen. Kurz vor Ende der Kochzeit die rohen, feingeschnittenen Champignonblättchen und die Gurkenscheiben zufügen, zur Vollendung mit der restlichen Butter montieren. Für dieses warme Vorgericht sind kleine Kräuterknödel sehr gut geeignet.

ZUTATEN:

Etwa 800 g Leber, Herz, Lunge, Bries, gemischt vom Ziegenkitz
1 mittelgroße Zwiebel
100 g Champignons
2 Gewürzgurken
0,5 l Rotwein
1 l Kalbsfond
200 g Butter
40 g Mehl

SALAT MIT DEM FEINSTEN VOM ZIEGENKITZ

ZUTATEN:

*Herz, Leber,Lunge, Bries
und Nierle von einem
Ziegenkitz (ges. ca. 800 g).
Etwa 400 g verschiedene
Blattsalate der Jahreszeit
2 mittelgroße Kartoffeln
50 g Pflanzenöl
50 g Butter
1 Bund frische
Gartenkräuter
1/8 l Rotwein
1/8 l Portwein
Salz, Pfeffer aus der Mühle
Rotweinessig und Nussöl*

Herz und Lunge blanchieren, dann in Salzwasser mit Spickzwiebel und einem Schuß Essig etwa 20 Min. weich kochen. Das Bries separat auf die gleiche Art, aber nur 8-10 Min. garen. Die Leber häuten und in Scheiben schneiden, die Niere halbieren und sauber parieren. Die Kartoffeln schälen, in feine Blättchen schneiden und in Öl knusprig braten, auf ein Sieb schütten, leicht salzen und warm halten. Die Blattsalate mit dem Nussöl und dem Rotweinessig marinieren, auf flachen Tellern auslegen, darauf das aus dem Sud tranchierte Herz, die feinen, in Butter angerösteten Lungenstreifen, das leicht in Butter angebratene Bries, die rosa gebratene Leber und Nierle anrichten.

Den Bratensatz der Pfanne mit Rotwein und Portwein ablöschen, auf ¼ reduzieren, mit wenig kalten Butterflocken binden und an den Salat geben.

Die knusprigen Kartoffelblättchen und die Gartenkräuter zur Garnitur verwenden.

PICCATA VON DER ZIEGENKITZLEBER

Die Gemüsestreifen kurz blanchieren und kalt abschrecken. Den Kalbsfond und die Sahne zusammen zur Hälfte reduzieren, ebenso die braune Ziegensauce zur Hälfte einkochen, beides beiseite stellen.
Die Leber in feine Scheiben schneiden, salzen, pfeffern, mehlieren und in steigender Butter zart rosa braten, warm halten.

Nun in die Reduktion von Kalbsfond und Sahne den gewürfelten Raschera-Käse, 40 g Butter und die Gemüsestreifen geben. Mit Salz, Pfeffer und Zitrone würzen und vorsichtig erwärmen. Diese Sauce in die Mitte des Tellers geben, die Leberscheiben obenauf setzen, den reduzierten Fond außen angießen und mit gebackenen Petersilienblättchen garnieren.

ZUTATEN:

Je 4 Scheiben a 30 g enthäutete und entsehnte Kitzleber
0,2 dl Kalbsfond
0,2 dl Sahne
80 g Butter

für die Sauce:

100 g italienischer Raschera-Käse
50 g Butter zum Braten
Salz, Pfeffermühle
Zitrone
Rotweinessig
6 El. Julienne (feine Gemüsestreifen) von Lauch, Sellerie und Karotten
1 kl. Bund Blattpetersilie
0,3 dl braune Ziegensauce

GESOTTENE ZICKLEINSCHULTER MIT MEERRETTICH-SCHNITTLAUCHSAUCE

ZUTATEN:

1,2 kg Schulter mit
Knochen oder
0,9 kg ohne Knochen -
gerollt -
60 g Butter
80 g Mehl
300 g Sahne
2 EL Meerrettich
Zucker
Weißweinessig
1 Bund Schnittlauch

Für die geschmackliche Qualität ist das Garen am Knochen und anschließendes Ausbrechen von Vorteil, andererseits erhält man keine so schöne Tranchen und der Zeitaufwand ist etwas größer.
Das Fleisch in Wasser mit Gemüsen und Gewürzen ca. 60-90 Min. (je nach Alter und Größe) sachte garziehen lassen. Aus 0,8 l des Sudes, 60 g Butter, 80 g Mehl und 300 g Sahne eine Sauce herstellen - siehe Rezept oben.

Das Ganze passieren, mit 2 El. Meerrettich, eine Prise Zucker, wenig Weißweinessig und 1 Bund feingeschnittenen Schnittlauch vollenden.
Das fertig gegarte Fleisch aus dem Sud nehmen, tranchieren, mit der Sauce, neuen Kartoffeln und kalten Beilagen (Cornichons, Kürbisse, saure Zwetschgen, grüne eingemachte Tomaten, Preißelbeeren, rote Beete) zu Tisch geben.

JUNGZIEGENMEDAILLONS AUF PROVENCALISCHEM GEMÜSE

Die Gemüse und Pilze putzen und waschen, schneiden und zart grillen, auf 4 Teller verteilen und mit Balsamico, Salz, Pfeffer und Olivenöl marinieren, mit Oliven und getrockneten Tomaten garnieren, mit dem gehackten Rukola bestreuen und warm halten. Die Medaillons medium braten, mit den Käsescheiben und dem geriebenen Weißbrot bestreuen und im Salamander überbacken. Die Medaillons auf dem Gemüse anrichten und servieren.

ZUTATEN:

8 Medaillons vom Rücken
oder Keule a' 60 g
8 Scheiben von mildem
Ziegenfrischkäse
2 Scheiben Toastbrot

1 mittelgroße Aubergine
1 Fenchel
1 Zucchini
1 rote und gelbe Paprika
8 Kirschtomaten
120 g Steinpilze
1 kleiner Bund Rukola
60 g Oliven grün und
schwarz
50 g getrocknete Tomaten
Salz, Pfeffermühle
Olivenöl
Balsamicoessig

GAISBURGER MARSCH VON DER ZIEGE

ZUTATEN:

*400 g Schulter, Hals oder
Brust ohne Bein in Würfel
geschnitten
600 g geschälte Kartoffeln
400 g Spätzle (selbstge-
macht oder gekauft)
1 mittelgroße Zwiebel
80 g Butter
1 Spickzwiebel
1 Bouquet garni (Gemüse-
Kräuterbündel)
1 kleiner Bund Schnittlauch
1 kleiner Bund Petersilie
Salz, Pfeffer, Muskat*

Das Fleisch kurz blanchieren dann in kaltem Wasser aufsetzen und zum kochen bringen, abschäumen, salzen, Spickzwiebel und Bouquet garni zufügen, garziehen lassen. Kartoffeln in Stücke schneiden und kochen, Spätzle fertig machen, Zwiebelwürfel mit der Butter zu Schmälze verarbeiten.

Die Spickzwiebel und das Bouquet garni aus der Brühe nehmen, die Kartoffeln und die Spätzle zugeben, mit der Zwiebelschmälze und den feingehackten Kräutern vollenden.

Schmorwurst von der Ziegenkuttel

Die vom Metzger vorblanchierte Kutteln fein schneiden, nochmals mit Essigwasser blanchieren. Mit der Butter, den geschnittenen Zwiebeln und dem Knoblauch in ein flaches Sautoir geben, mit Wasser, Weißwein und etwas Weißweinessig bis zur Höhe auffüllen. Nun im Ofen garen, bis die Kutteln gut weich und die Flüssigkeit fast gänzlich reduziert ist. Aufs Feuer nehmen, das geriebene Weißbrot, den Käse und die Kräuter unterheben, mit Salz und Pfeffer würzen, in Naturdärme (Kaliber 26/28) abfüllen und abbinden. Die Würste in ein gebuttertes Sautoir setzen, im Ofen leicht angehen lassen, mit Weißwein und wenig Weißweinessig ablöschen, ca. 20 Min. bei mäßiger Hitze schmoren, mit dem Schmorfond servieren.

ZUTATEN:

600 g geputzte
Ziegenkuttel
2 Zwiebeln
2 Knoblauchzehen
50 g geriebenes Weißbrot
50 g geriebener Käse
Weißwein
Weißweinessig
2 EL frisch gehackte
Gartenkräuter
4 El. Butter

KITZFRIKASSEE MIT PFIFFERLINGKLÖSCHEN

Frikassee:
600 g Fleisch von Brust,
Hals oder Schulter
140 g Butter
8 Schalotten
1 mittelgroße Zwiebel
16 Champignons, ca. 260 g
2 EL Weißweinessig
½ l Württemberger Riesling
90 g Mehl
½ l Sahne
Salz, Pfeffer, Muskat
1 Zitrone

Pfifferlingsklößchen:
100g Ziegenkitzfleisch
100 g Sahne
150 g Pfifferlinge
Schnittlauch, Petersilie
Salz, Pfeffer

Das Fleisch in Würfel schneiden, kurz blanchieren, abschütten und kalt abspülen. Die Schalotten, Champignons und die fein gewürfelte Zwiebel in der Butter angehen lassen, das mit Salz, Pfeffer und Zitronenabrieb gewürzte Fleisch zugeben, ebenfalls farblos schwitzen, mit dem Weißweinessig ablöschen, einreduzieren, dann mit der Hälfte des Weißweins ablöschen, einreduzieren, mehlieren, das Mehl ebenfalls anschwitzen, dann mit dem restlichen Wein und Wasser bis zur Höhe auffüllen, sachte garen lassen. Am Schluss mit der Sahne, Zitronensaft und ein wenig Muskat vollenden.

Das Kitzfleisch in kleine Würfel schneiden, salzen pfeffern und tiefkühlen. Die Pfifferlinge putzen, waschen und dünsten, ebenfalls (ohne Flüssigkeit) kühlen.
Nun aus dem Fleisch, der Sahne und den Pfifferlingen eine feine Farce im kleinen Kutter-Mulinette oder Mixer herstellen. Mit zwei Löffeln Klößchen abstechen und in Salzwasser garen.

Bärlauchnocken:
Spätzlesteig aus 150 g Mehl, 2 Eiern (bei Bedarf etwas Wasser) herstellen. 150 g gekochte, warme Kartoffeln passieren und unter den Spätzlesteig geben und vermengen. 1 Bund feingehackter oder pürierter Bärlauch untermengen. Die Masse abschmecken und in Salzwasser Nocken abstechen und garziehen lassen.
Die Pfifferlingsklößchen unter das Frikassee geben, die Bärlauchnocken in Butter anschwitzen und servieren.

MIT CURRY UND FRÜCHTEN POELIERTE LAMMNUSS, GLASNUDEL-SALAT

600 g Lammnuss
je 1 Aubergine, Kaki,
Mango, Papaya oder ande-
re exotische Früchte.
Olivenöl, Butter, Mehl,
Lammfonds, Sahne,
Weißwein, Salz und
Pfeffermühle
40 g Glasnudeln
2 EL Gemüsestreifen
(Lauch, Sellerie, Karotten
- kurz blanchiert -)
Tabasco, Olivenöl,
Weißweinessig

Die Lammnuss würzen, in passendem Geschirr leicht anbraten, mit Weisswein ablöschen, leicht mehlieren, mit Curry bestäuben, zu einem Drittel mit Lammfonds untergiessen, sachte andünsten lassen.

In der Zwischenzeit die Früchte gefällig schneiden und kreisförmig auf Tellern anrichten, die Abschnitte der Früchte fein hacken und zum Lamm zugeben, das Fleisch ab und zu wenden und je nach Stärke 20-30 Minuten rosa garen.

Die Glasnudeln kurz kochen, abschrecken, mit den Gemüsestreifen, Weißweinessig, Olivenöl und wenig Tabasco zu einem pikanten Salat anmachen.

Nun die vorbereiteten Teller mit den Früchten leicht erwärmen, das Fleisch aus dem Sud nehmen, die Sauce bei Bedarf noch etwas reduzieren, mit dem Mixstab aufmixen.

Den Glasnudelsalat in die Mitte des Tellers setzen, mit dem tranchierten Lammfleisch umlegen und mit der Sauce leicht nappieren.

Mit trockenem Weißwein oder Winzersekt aus Baden-Württemberg servieren.

KNOBLAUCHSUPPE MIT LAMMHERZ, LAMMNIERLE UND KARTOFFELSTROH

Das Lammherz teilen, wässern und in Wasser mit Spickzwiebel und Salz ca. 1 Stunde garen, die Nierle halbieren, putzen, beiseite stellen.

Die feingehackten Schalotten mit Butter und den geschälten Knoblauchzehen dünsten, je nach Grösse 2-3 Knoblauchzehen pro Suppe zur Garnitur beiseite legen, nun mit dem Lammfond, der Creme fraiche und Sahne auffüllen, kurz aufkochen, mixen und beiseite stellen.

Die rohe Kartoffel in streichholzstarke Stifte schneiden, leicht mehlieren, in der Pfanne mit reichlich Fett goldbraun anbraten, abgiessen, salzen und warmhalten. Die Suppe mit 4 schönen Eßlöffeln kalter Butter montieren, mit Salz, Pfeffermühle und Zitrone abschmecken.

Mit den gebratenen Nierle, dem feingeschnittenen Herz und der Knoblauchzehe anrichten, obenauf zum Schluss das Kartoffelstroh.

ZUTATEN:

½ l Lammfond
¼ l Creme fraiche
¼ l flüssige Sahne
1 mittelgroße
Knoblauchknolle (möglichst jungen Knoblauch)
2 Schalotten
1 Lammherz
2 Nierle
1 mittelgroße Kartoffel
Salz, Pfeffermühle, Zitrone,
Butter

MILCHLAMMKEULE AUS DEM OFEN MIT GRÜNEN BOHNEN

ZUTATEN:

ca. 1 kg Milchlammkeule
ohne Rohr und
Hüftknochen gerollt
- Knochen und Röstgemüse
(je 200 g Karotten, Sellerie,
Petersilienwurzel und
Lauch, 500 g Zwiebel) -
je 1 kleine Zucchini,
Aubergine, Paprika rot und
gelb sowie Zwiebel
4 Fleischtomaten
1 Knoblauchzehe
Olivenöl, Weißwein, Salz,
Pfeffermühle
500 g grüne Bohnen
1 kleines Bündel
Bohnenkraut
1 Schalotte, Butter
1 kg Kartoffeln
1 Knoblauchzehe
200 g Sahne
100 g Creme fraiche
50 g geriebenen Käse

Die Lammkeule würzen, zart anbraten und wie bei Rezept Seite 165 sachte schmoren (ca. 35-45 Min.).

Die Kartoffeln schälen, schneiden, mit Sahne und Creme fraiche in eine feuerfeste Form einsetzen, mit Salz, Pfeffer, Knoblauch und Muskat würzen, mit Käse bestreuen und ca. 1 Stunde im mittelheissen Ofen garen.

Die Bohnen putzen, waschen und in reichlich Salzwasser mit dem Bohnenkraut kochen, abschrecken, dann mit den fein gewürfelten Schalotten und Butter anschwitzen.

Die Zutaten fürs Ratatouille würfeln oder in Stifte schneiden, dann, beginnend mit den Zwiebeln, dem Paprika, den Zucchini und zum Schluss den Auberginen in Olivenöl anbraten, mit wenig Weisswein ablöschen, den fein zerdrückten Knoblauch und die geschälten, ausgedrückten Tomaten zufügen und kurz zugedeckt schmoren.

Alle Zutaten für dieses klassische Lammgericht in vorgewärmten Schüsseln bzw. Platten zu Tisch geben, am Tisch tranchieren und mit einem Lemberger oder Spätburgunder, auch aus dem Barrique, servieren.

GEDÜNSTETE LAMMHÜFTE MIT BOHNEN, TOMATEN UND KARTOFFELN

Die Lammhüfte würzen, mit dem geschnittenen Staudensellerie farblos anschwitzen, mit Weißwein ablöschen. Salbei zugeben und mit Lammfond zu einem Drittel angiessen, auf schwachem Feuer dünsten, die mittelgroßen, geschälten Kartoffeln ganz zugeben und mitgaren. Nach 20-25 Min. die Kartoffeln herausnehmen. Das Fleisch ist je nach Größe nach ca. 30-35 Min. gar, ebenfalls herausnehmen sowie den Salbei und warmhalten, in die Sauce 2-3 Kartoffeln geben und passieren. Nebenbei die Bohnen mit Bohnenkraut in Salzwasser garen und abschrecken.

Die Kartoffeln und der Sellerie sollen gänzlich mit passiert werden, sie binden die Sauce. Nun die Sauce mit Sahne verfeinern.
Die getrockneten Tomaten fein schneiden und mit den in Scheiben geschnittenen verbliebenen Kartoffeln und den Bohnen schwenken, würzen, in tiefen Tellern anrichten, obenauf das tranchierte Fleisch setzen.

ZUTATEN:

1 kg Lammhüfte
500 g Bohnen
600 g Kartoffeln
200 g Staudensellerie
10 getrocknete Tomaten
1 Zweig Salbei,
1 Zweig Bohnenkraut,
Öl,
Weißwein,
Lammfond,
Sahne

LAMMLEBER IN POMMERY-SENFSAUCE MIT STEINPILZRÖSTI

ZUTATEN:

600 g Lammleber
8 mittelgroße gekochte
Kartoffeln
200 g Steinpilze
1 Schalotte
0,4 l Lammjus
4 cl Sherry
6 El Pommery-Senf
1 EL Apfelessig
Salz, Pfeffer, Butter, Mehl,
Muskat

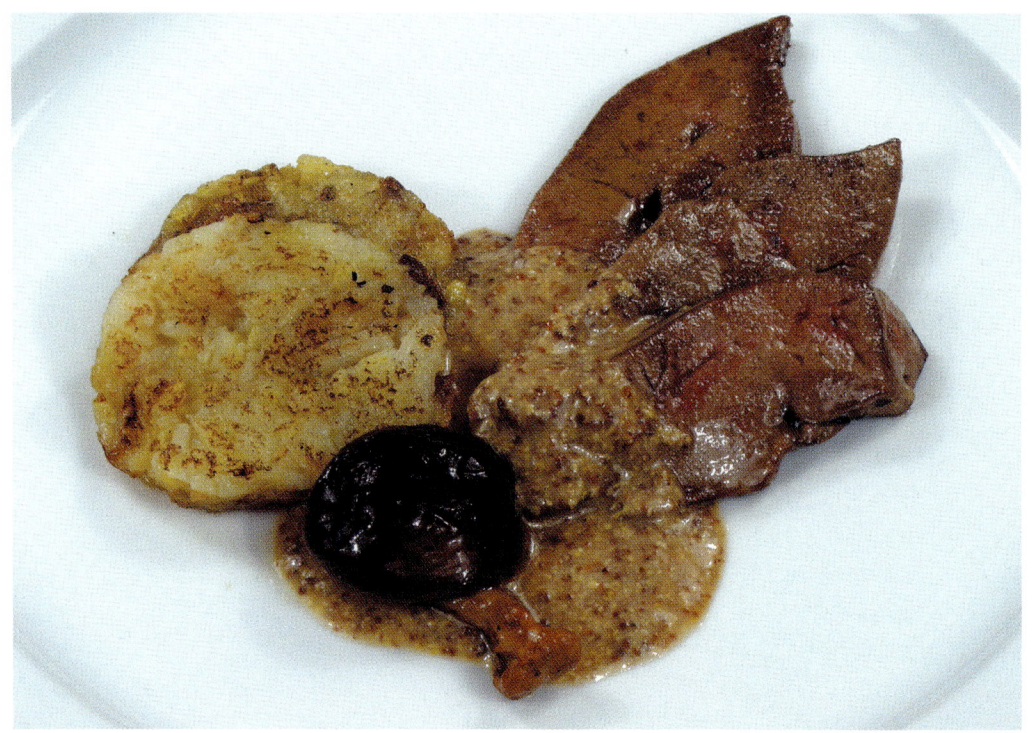

Die Steinpilze putzen und waschen, 4 schöne zur Garnitur beiseite legen, den Rest fein hacken, zusammen mit der fein gewürfelten Schalotte in Butter anschwitzen, leicht salzen und pfeffern, solange dünsten, bis die Flüssigkeit verdunstet ist. Die Kartoffeln reiben, mit Salz, Pfeffer und Muskat würzen und mit der Pilzmasse vermengen. Leicht anbraten und zu 8 kleinen schönen Rösti formen, warmhalten.
Im Sautoir den Essig fast gänzlich reduzieren, die Lammjus zufügen und ebenfalls zur Hälfte reduzieren, dann vom Feuer nehmen, den Senf und Sherry beigeben, die Sauce beiseitestellen, aber nach der Senfzugabe nicht mehr kochen lassen! Die Leber häuten, in Scheiben schneiden, würzen, mehlieren und in steigender Butter zartrosa braten, die 4 Steinpilze ebenfalls braten und dann gefällig anrichten.

GESCHMORTER LAMMNACKEN IM WIRSINGBLATT AUF RAHMSAUERKRAUT

Den Lammnacken würzen, mit den Knochen in einer Kasserolle anbraten, - dann kurz herausnehmen - Röstgemüse und Tomatenmark zufügen, glasieren, mit Essig und etwas Rotwein kurz ablöschen. Nun das Fleisch mit Rosmarin, Thymian und Knoblauch wieder einlegen und zugedeckt im Ofen eine halbe Stunde sachte schmoren, bei Bedarf etwas Wasser untergiessen.

Nebenbei das Sauerkraut und die Kartoffeln garen, die Wirsingblätter blanchieren und kalt abschrecken.

Den fast fertigen Lammnacken aus dem Schmorfond nehmen, etwas auskühlen lassen und trocken tupfen.

Das Bratwurstbrät mit wenig Sahne und Apfelschnaps verfeinern. Nun das Fleisch mit dem Brät im Wirsingblatt einschlagen, binden und nochmals ca. 10-15 Minuten im Ofen schmoren, Währenddessen das Kartoffelpüree fertigmachen, das Sauerkraut mit Sahne, Karottenstiften und Äpfeln verfeinern, das fertige Fleisch entnehmen, Sauce fertigstellen, evtl. nachbinden und mit dem Lemberger verfeinern.

Das Fleisch tranchieren, auf dem Rahmsauerkraut mit dem Püree anrichten, Sauce angiessen, evtl. noch mit glasierten Apfelspalten garnieren.

ZUTATEN:

1 kg ausgelöster Lammnacken
1 kg Lammknochen
Röstgemüse (je 200 g Karotten, Sellerie, Petersilienwurzel und Lauch, 500 g Zwiebel)
2 El Tomatenmark
½ l Württemberger Lemberger
2 El Rotweinessig
je 1 Zweig Thymian und Rosmarin, 2 Knoblauchzehen, 4 schöne grüne Wirsingblätter
200 g Bratwurstbrät (vom Metzger fertig kaufen)
1 kg Sauerkraut, 1 Karotte und 2 Äpfel
1 kg Kartoffeln
Milch, Butter, Sahne, Salz, Pfeffermühle, Muskat, Zitrone, Blattpetersilie, schwäbischer Apfelschnaps

LAMMNETZWÜRSTCHEN AUF KLEINEM RAGOUT VON GEMÜSEN

*1 Schweinenetz (beim
Metzger bestellen)
400 g Lammfleisch von
Brust, Hals oder Schulter
200 g Schweinespeck
1 kleiner Bund Blattpetersilie, Rukola, Thymian und
Rosmarin, Zitronenschale,
Salz, Pfeffer, Muskatblüte
1 kg geputztes und gewa-
schenes Gemüse der
Jahreszeit, gefällig
geschnitten
¼ l Sahne
¼ l Lammfond
50 g Butter
25 g Mehl
Weißwein, Zitrone*

Das Schweinenetz ca. 2 Stunden im flies-
send kalten Wasser wässern.

Das Fleisch und den Speck in Würfel
schneiden, mit 12 g Salz, Pfeffermühle,
Muskatblüte und wenig Zitronenschale
würzen, mengen.

Zweimal durch die grobe Scheibe des
Fleischwolfes drehen, mit der gehackten
Blattpetersilie und dem Rukola verfeinern.

Nun das Netz auf dem Tisch ausbreiten,
mit gezupftem Thymian und Rosmarin-
blättern bestreuen.

Die Masse mit einer Spritztülle (ca. 2 cm
Durchmesser) auf das Netz dressieren,

einschlagen und in gebutterter Pfanne bei
ca. 180° 15-18 Minuten garen.

Das Gemüse in Salzwasser knackig blanchieren. Die Sahne und den Lammfond
aufkochen, mit der Butter und dem Mehl
abbinden, abschmecken mit Salz und
Pfeffermühle, noch verfeinern mit Weißwein und Zitronensaft, das Gemüse mit
dieser Sauce schwenken, gefällig auf
Teller anrichten und die tranchierte Wurst
auflegen.

ZUCCHINIBLÜTEN MIT LAMMFÜLLUNG AUF PILZRAGOUT

Das Toastbrot fein reiben, mit der Sahne einweichen, Eigelb und das Fleisch zufügen, mengen, mit Salz, Pfeffer und dem Trüffelöl würzen.

Die Zucchini vorsichtig waschen, die Blüten öffnen und mit der Farce füllen, auf gebuttertes Blech setzen und mit flüssiger Butter bepinseln, im Ofen ca. 12-15 Min. bei 180° ohne Deckel garen.

Während dessen die Pilze waschen, schneiden und kurz blanchieren, abschrecken, mit der Creme double kurz durchköcheln, mit Limonensaft, Limonenabrieb und dem gehackten Kerbel vollenden.

Die Zucchiniblüten auf dem Pilzragout anrichten und mit einem jungen Weißwein oder Sekt zu Tisch geben.

ZUTATEN:

8 Zucchini mit Blüte
250 g gemischte frische
Pilze der Jahreszeit
0,4 l Creme double
1 kleinen Bund Kerbel
1-2 Limonen
Butter

Füllung:
2 Scheiben Toastbrot
ohne Rinde
2 Eigelb
0,15 l Sahne
250 g fein gewolfte
Lammschulter
Salz, Pfeffermühle
1 EL Trüffelöl

LAMMSCHULTER AUS DEM INGWERSUD AUF ROSMARIN-COUS-COUS MIT PESTO

ZUTATEN:

1 kg Lammschulter
ohne Bein
1 Ingwerknolle
400 g Cous-Cous mittel
1 Zweig Rosmarin
Olivenöl, Butter, Wasser,
Lammfond

Die Lammschulter mit der Hälfte der Ingwerknolle in leichtem Salzwasser ca. 1 Stunde garen lassen.
Den Cous-Cous mit dem Lammfond, Wasser, Butter und Olivenöl ansetzen, je nach Bedarf Flüssigkeit zugeben, mit Rosmarin, Salz und Pfeffer würzen (Kochzeit 5-8 Min).

Das Fleisch auf dem Cous-Cous anrichten, mit Pesto nappieren und pikanten, kalten süss-sauren Beilagen umlegen, z.B. Cornichons, süss-sauren Zwetschgen, Zucchini, Sambal Olek, Peperoni, mariniertes Ratatouille.

LAMMFILET AUF GRAUPENRISOTTO MIT PILZ-KARTOFFEL-STRUDEL

Das Lammfilet würzen, allseitig anbraten und im Ofen bei ca. 175° je nach Stärke 5-10 Minuten rosa garen, bei mäßiger Temperatur (70°) ruhen lassen.
Die Pilze putzen, waschen, fein hacken und kurz anschwitzen.
Die Kartoffeln schälen, kochen, heiss ausdämpfen lassen, passieren, mit 2 Eigelb, 1 El Butter, Salz und Muskat mengen, auf gebutterter Folie rechteckig ca. 1 cm dick ausstreichen, mit der Pilzmasse bestreichen und einrollen, auf bemehltem Brett bereithalten.

Die Perlgraupen mit den Schalotten in Butter glasig dünsten, nach und nach mit Lammfond und Weisswein angiessen. Garzeit ca. 20 Minuten, mit Butterflocken verfeinern.
Den Kartoffelstrudel in Scheiben schneiden, leicht anbraten, das tranchierte Lammfilet auf dem Graupenrisotto mit dem Kartoffelstrudel und einer kleinen Gemüsegarnitur anrichten. Schiller, Sylvaner, Rivaner sowie ein Württemberger Trollinger sind ideale Begleiter für dieses leichte Essen.

ZUTATEN:

400 g schieres Lammrückenfilet
200 g Perlgraupen,
Lammfond, Weisswein,
Butter,
1 Schalotte
200 g Kartoffeln,
2 Eier, Kartoffelstärke,
Butter
300 g gemischte frische Pilze

LAMMRAGOUT NACH GROSSMUTTER ART

ZUTATEN:

800 g gewürfelte
Lammschulter oder Hals
1 mittelgroße Zwiebel
300 g Röstgemüse
2 EL Tomatenmark
½ l Rotwein
Öl, Mehl, Salz, Pfeffer,
Knoblauch

Das Fleisch würzen, auf lebhaftem Feuer anbraten, Zwiebel und Röstgemüse zufügen, tomatisieren, glasieren, mehlieren, mit Rotwein und etwas Wasser auffüllen, bei schwacher Hitze ca. 1 Stunde köcheln lassen. Das Fleisch aus der Sauce nehmen, die Sauce passieren, evtl. reduzieren und zum Fleisch geben.

Als Garnitur Brotcroutons und geröstete milde Spreckstreifen.
Mit Spätzle, Schupfnudeln oder Kräuterschupfnudeln servieren.

GESCHMORTE LAMMHAXEN MIT ROTWEINSCHALOTTEN

Die Lammhaxen würzen, in Öl allseitig anbraten, herausnehmen, das Röstgemüse anbraten, tomatisieren, mit Essig ablöschen und Rotwein nochmals glasieren, mehlieren, Haxen einlegen und mit Wasser zu 1/3 angiessen.
Zugedeckt im Ofen unter mehrmaligem Wenden ca. 1½ Stunden garen, die Haxen herausnehmen, die Sauce fertigstellen.

Nebenbei die Schalotten in Butter mit Zucker glasieren, mit Rotwein ablöschen und weichdünsten. Nun die Schalotten in die Sauce geben und mit den Haxen servieren.

ZUTATEN:

4 schöne
Lammhinterhaxen
250 g Schalotten
2 Knoblauchzehen
1 l Württemberger
Lemberger
2 EL Rotweinessig, Salz,
Pfeffermühle
2 EL Tomatenmark
500 g Röstgemüse
80 g Mehl
Öl, Salz, Pfeffer, Zucker

Jörg Ebermann
Curriculum Vitae

Jörg Ebermann, einer Metzger- und Wirtsfamilie entstammend, ist Küchenmeister und führt den elterlichen Betrieb, den Gasthof "Zur Linde" in Oberboihingen, Landkreis Esslingen, in der zweiten Generation.

Nach Lehr- und Wanderjahren in deutschen und europäischen Küchen, kehrte er nach Ablegen der Meisterprüfung 1982 in die "Linde" zurück.

Mit Unterstützung der ganzen Familie wird in der "Linde" schwäbische Küche und Gastlichkeit gepflegt.
Wichtig ist für Jörg Ebermann neben der perfekten Beherrschung des handwerklichen - für Ihn Voraussetzung dafür sich überhaupt Koch nennen zu dürfen - die sorgfältige Auswahl der besten Zutaten und der richtige Umgang mit dem Ausgangsprodukt.
Für ihn ist es eine Philosophie, Erzeuger und Lieferanten in seiner nächsten Umgebung zu wissen. Die Betriebe seiner Lieferanten werden zuvor genauestens unter die Lupe genommen ehe man sich für eine Zusammenarbeit entscheidet.
Unter schwäbischer Gastlichkeit versteht man in der Linde die Verbindung zwischen Bodenständigkeit und Weltoffenheit, dies spiegelt sich in dem häufig wechselnden kleinen Speisenangebot und der Tatsache wieder, dass das Team der Linde immer wieder schwäbische Unternehmen und Institutionen auf ihren Präsentationen im In- und Ausland begleitet.

Gasthaus "Linde"
Nürtinger Straße 24
72644 Oberboihingen

ULRIKE UND HARTMUT BINDER

HALTUNG VON MILCHZIEGEN - MILCH-VERARBEITUNG IN EINER HOFKÄSEREI

Haltungsformen

Bis zur Mitte unseres Jahrhunderts waren Ziegen auch in Baden-Württemberg auf vielen Bauernhöfen anzutreffen. Diese Tiere, fast ausschließlich milchbetonte Rassen, trugen zwar wenig zum Betriebseinkommen bei, viel mehr galten ihr Fleisch und die selbst erzeugten Milchprodukte als willkommene Abwechslung auf dem oft recht kargen Speiseplan.

Die geringen Ansprüche an Stallfläche und Grundfutter machte die Haltung auch für Kleinstbetriebe möglich.

Darin liegt vielleicht auch das Vorurteil begründet, mit dem heute die Vermarkter von Ziegenmilchprodukten häufig konfrontiert werden:

"Ziegenmilch/Ziegenkäse bockelt". Die Haltung der Tiere damals, in dunklen und meist schlecht belüfteten Winkeln der Ställe und vor allem das Fehlen einer heute selbstverständlichen Kühlung der frisch gemolkenen Milch, bewirkte, dass die Ziegenmilch schon nach kurzer Zeit den scheinbar ziegentypischen Geschmack annahm.

Großzügig bemessene Ställe und Sauberkeit bei der Milchgewinnung sind deshalb heutzutage Voraussetzung für eine neutral schmeckende Milch und ihre köstlichen Produkte.

Urlaubsreisen in Mittelmeerländer und damit der Kontakt mit der mediterranen Küche, so auch den vielfältigen Produkten aus Schaf- und Ziegenmilch, tragen wohl seit geraumer Zeit zu der wachsenden Beliebtheit von Ziegenkäse hierzulande bei. Hinzu kommt auch ein gewisser Wandel in den Ernährungsgewohnheiten, insbesondere jüngerer Familien. Es werden bewußter alternative Produkte nachgefragt, nicht zuletzt auch ausgelöst durch eine Zunahme allergiebedingter Erkrankungen.

Dieser nachhaltige Trend im Verbraucherverhalten führte dazu, dass sich seit Mitte der 80er Jahre auch in Baden-Württemberg mehrere Milchziegenbetriebe mit Bestandsgrößen von 50-150 Muttertieren etablieren konnten.

Im Unterschied zur Einzeltierhaltung mit Milchleistungen von 1000 l/Jahr und mehr, liegt bei größeren Herden die Milchmenge einer Ziege in einer Laktationsperiode bei 700-800 l. Bei Ziegen beträgt eine Laktationsperiode, die Zeit, in der die Tiere Milch geben, ca. 300 Tage. Danach werden die Tiere "trockengestellt", damit sich in der Endphase der Trächtigkeit der Organismus und das Eutergewebe der Ziegen regenerieren kann.

Ziegen sind, im Gegensatz zu Rindern, saisonal brünstig; auslösender Faktor ist die abnehmende Tageslänge zum Herbst hin. Wird in diesen natürlichen Zyklus nicht durch Hormone oder künstliche Verkürzung der Tageslänge - über eine Abdunkelung des Stalles - eingegriffen, so führt dies dazu, dass die Brunst und anschließend die Befruchtung aller Tiere einer Herde innerhalb einer kurzen Zeitspanne erfolgen.

Daraus ergibt sich, dass 6-8 Wochen vor Ende der fünfmonatigen Trächtigkeit fast alle Ziegen gleichzeitig trockengestellt werden. Dies erklärt auch das geringe Angebot an heimischen Ziegenmilchprodukten in den Wintermonaten.

Da nicht alle Verbraucher diese natürliche "Winterpause" akzeptieren, bietet es sich an, größere Herden in Gruppen von 20-40 Tieren aufzuteilen. Damit lässt sich die Befruchtung der Ziegen, innerhalb des Brunstzeitraums von August bis November, ein wenig steuern. Die Aufteilung in kleinere Gruppen dient auch der Ruhe innerhalb der Herde.

Die Rangkämpfe, in denen jede Gruppe ihre "Chefin" ermittelt, sind schneller abgeschlossen.

Während früher die Einzeltiere an der Futterraufe angebunden waren, werden Milchziegen heute fast ausschließlich in sogenannten Tiefstreulaufställen gehalten. Den Tieren steht eine großzügig

bemessene Liegefläche zur Verfügung, die mehrmals täglich mit frischem Stroh trocken gehalten wird. Die Ziegen haben ausreichend Bewegungsfreiheit und können jederzeit ungehindert den Fressplatz an der Futterraufe aufsuchen. Der Vorteil dieser Haltungsform liegt, im Gegensatz zu einer Weidehaltung, in der räumlichen Nähe zum Melkstand und bietet die Gewähr, die Tiere jederzeit beobachten zu können.

Die weibliche Nachzucht der Herde wird dagegen in den Sommermonaten häufig auf so genannten Umtriebsweiden gehalten. Den Lämmern wird hierbei immer nach einigen Tagen eine neue Koppel zugeteilt um das Infektionsrisiko durch Weideparasiten zu minimieren.

Dabei sollte darauf geachtet werden, dass ein wetterfester Weideunterstand zur Verfügung steht, in den sich die Tiere bei schlechten Witterungsbedingungen zurückziehen können.

Ziegen als Wiederkäuer sind in der Futteraufnahme mit Rindern durchaus vergleichbar, jedoch gibt es auch Unterschiede, die sich am besten durch die Neugierde der Ziegen erklären lassen. Die Ziege ist zwar nicht wählerisch, lässt aber gerne mal das vermeintlich beste Futter links liegen, wenn sie in ihrem Blickfeld ein interessanteres Objekt erspäht hat und sei es nur ein Zweig, von dem genüsslich die Rinde abgeknabbert wird.

Wie auch in der Rinderhaltung richtet sich Art und Zusammensetzung des Futters danach, ob beispielsweise während der Laktation die Fütterung an eine hohe Milchleistung angepaßt werden muss, oder ob besonders gegen Ende der Trächtigkeit eine ausgewogene Versorgung mit Mineralstoffen im Vordergrund steht.

Ziel einer ausgewogenen Fütterung ist eine lang anhaltende hohe Milchleistung über den Zeitraum der Laktation.

Die Milchgewinnung erfolgt auch bei den Ziegen mit derselben Technologie wie in der Rinderhaltung. Melkstände, der Herdengröße angepasst, auf denen mehrere Tiere gleichzeitig gemolken werden können, sind heute Standard. Die Größe des Melkstandes richtet sich dabei meist nach der Gruppengröße, in die die Herde unterteilt ist. Dadurch entfällt für die/den

Milchzeigen auf dem Melkstand

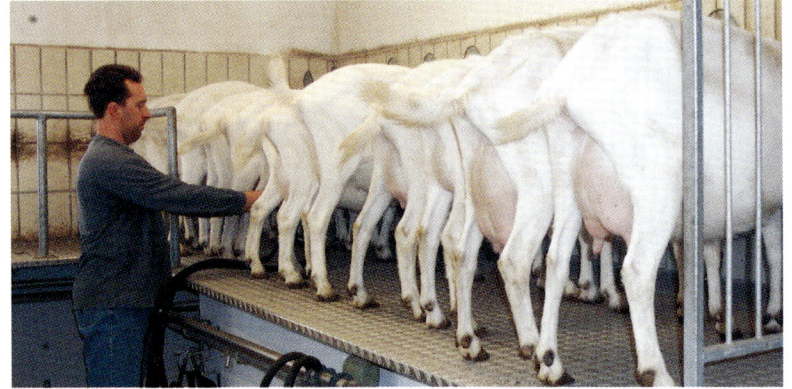

Melker/in das aufwendige Aussortieren der Tiere, die noch gemolken werden müssen. Sauberkeit im Melkstand und anschließend gründliche Reinigung der Melkanlage sind dabei eine Selbstverständlichkeit. Die frische Milch wird während des Melkens durch Filter geleitet und umgehend auf eine Lagertemperatur von 3-4° C gekühlt.

Besonderheiten der Ziegenmilch

Frische Ziegenmilch zeichnet sich durch einen neutralen Geschmack aus und lässt sich kaum von Kuhmilch unterscheiden. Selbstverständlich kann der Geschmack durch unzureichende Hygiene in der Tierhaltung und beim Melken beeinträchtigt werden. Auch das Verfüttern qualitativ schlechter Silage, sowie von Raps und Senf kann die sensorischen Eigenschaften der Milch verändern. Bei längerer Lagerung der Milch über 4° C entwickelt sich dann jedoch der typische Ziegengeschmack.

Verantwortlich ist hierfür die Caprinsäure, ein Bestandteil des Ziegenmilchfetts. Die Farbe der Ziegenmilch ist ganzjährig weiß. Das ß-Carotin, das der Kuhmilch den gelblichen Farbton verleiht, kommt in der Ziegenmilch als fertiges Vitamin A vor. Die Zusammensetzung der Milch schwankt sehr stark in Abhängigkeit von Laktationsstadium, sowie Art und Qualität des Futters. Während zu Beginn und gegen Ende der Laktation die Inhaltsstoffe Fett und Eiweiß sehr hoch liegen, sinken sie bis zur Brunstzeit kontinuierlich ab. Verglichen mit der Kuhmilch besitzt die Ziegenmilch also im Jahresmittel weniger Fett und Eiweiß. Vor allem der niedrige Eiweißgehalt der Ziegenmilch ist der Grund für geringere Ausbeute bei der Käseproduktion. Die Bedeutung der Ziegenmilch für die menschliche Ernährung wird sehr kontrovers diskutiert.

Zusammensetzung von Kuh-, Schaf- und Ziegenmilch

	Milchleistung (kg)	Laktose	Eiweiß	Fett	Mineralstoffe
			g / kg		
Kuh	3500-5000	45-50	30-35	35-40	7-9
Ziege	500-1000	40-50	28-35	30-38	7-9
Schaf	100-150	42-55	45-75	55-110	8-14

Vor allem Kinder, die auf Kuhmilcheiweiß allergisch reagieren, zeigen beim Verzehr von Ziegenmilch vielfach keine Symptome mehr. Einer generellen Empfehlung sollte jedoch eine sorgfältige Untersuchung der allergieauslösenden Faktoren vorausgehen. Als gesichert gilt hingegen, dass in der Fettfraktion der Ziegenmilch der Anteil kleinerer Fettkügelchen überwiegt.

Das Fett ist damit bekömmlicher, da die Lipasen für die Aufspaltung der Fettmoleküle eine größere Angriffsfläche vorfinden. Ergänzend dazu ist der hohe Anteil mittel- und kurzkettiger Fettsäuren für eine rasche Absorption des Fettes verantwortlich.

Verarbeitung der Ziegenmilch, Technik

Unter der Voraussetzung, dass die Milch unter optimalen hygienischen Bedingungen gewonnen wurde, können die Ziegenmilch und deren Produkte sowohl roh als auch pasteurisiert verzehrt werden. Unabhängig davon, ob die Milch vor der Weiterverarbeitung pasteurisiert wird oder nicht, sind eine Vielzahl veterinär- und lebensmittelrechtlicher Auflagen zu erfüllen. Die Rohmilch, wie auch die pasteurisierte Milch und deren Produkte werden in regelmäßigen Abständen auf pathogene Keime untersucht.

Für Deutschland gilt, im Gegensatz zu anderen EU-Ländern, eine Pasteurisierungspflicht für die Herstellung von Frischkäse, der in den Handel gelangt. Nur auf der Hofstelle des Erzeugers darf Rohmilch, sowie Frischkäse aus Rohmilch an den Verbraucher abgegeben werden. Alle weiteren Käsesorten dürfen aus Rohmilch hergestellt und vertrieben werden.

Soll Trinkmilch außerhalb der Hofstelle, auf Wochenmärkten oder über den Handel, vermarktet werden, so ist sie in jedem Fall zu pasteurisieren. Unmittelbar nach dem Erhitzen muss die Milch auf 6° C abgekühlt werden, bevor sie in Flaschen oder Einwegverpackungen abgefüllt werden kann.

In der Milchverordnung wird bundesweit einheitlich geregelt, wie die Milch zu pasteurisieren ist. Um alle pathogenen Keime abzutöten kann die Milch entweder für 30 Minuten auf 63,5° C (Dauererhitzung), oder für 20-30 Sekunden auf 72° C (Kurzzeiterhitzung) erhitzt werden.

Vor- und Nachteile der Milcherhitzung für die Käseherstellung

Vorteile
• Abtötung aller pathogenen (krankheitserregenden) Keime und damit zusätzliche Sicherheit für den Verbraucher.
• Erreger, die die Käseproduktion oder die Reifung beeinträchtigen, werden auf ein Minimum reduziert (z.B. Coliforme).
• Milchsäurebakterien, die der Prozeß-Milch zugesetzt werden, haben keine Konkurrenz und vermehren sich zuverlässiger und schneller.
• Die sensorische Qualität der Erzeugnisse bleibt unabhängig von Produktionsverlauf und Jahreszeit weitgehend konstant.

Nachteile
• Mit den krankmachenden Keimen werden auch nützliche Bakterien abgetötet, die dem Käse einen eigenständigen Charakter verleihen.
• Viele Enzyme der Rohmilch, die ebenfalls zur Geschmacks- und Aromabildung beitragen, werden inaktiviert.
• In Abhängigkeit der für die Erhitzung verwendeten Technologie, liegen die Kosten für einen Pasteur bei einer Verarbeitungsmenge von ca. 400 l/Charge zwischen DM 30 000 und DM 70 000.

Grundsätzlich stehen zwei unterschiedliche Techniken zur Verfügung, um die Rohmilch zu pasteurisieren:

Dauererhitzung
(Wannen- oder Chargenpasteure)
In Edelstahlbehältern mit 150-400 l Nennvolumen wird die Milch auf 63,5° C erhitzt, 30 Minuten warmgehalten und anschließend auf die benötigte Verarbeitungstemperatur abgekühlt.
Die Milch kann in dem Behälter zu den gewünschten Käsesorten weiterverarbeitet werden. Geringere Investitionskosten (DM 15 000-DM 40 000) und minimaler Wartungsbedarf zählen zu den Vorteilen dieses Verfahrens.
Übersteigt die zu verarbeitende Milchmenge (Charge) die 400-l-Grenze bietet sich der Einsatz eines Durchlaufpasteurs an. Bei diesem Verfahren, das auch in großen Molkereien üblich ist, wird die Milch auf 72° C erhitzt und 20-30 Sekunden warmgehalten. Die Pasteurisierung von 500-1000 l ist innerhalb einer Stunde abgeschlossen, während bei der Dauererhitzung 1,5-2,5 Stunden benötigt werden.
Die deutlich höheren Investitionskosten (DM 60 000-DM 70 000) lassen sich erst bei größeren Milchmengen (>1200 l/Woche) rechtfertigen.

Käseherstellung, Käserezepturen

Ausgerechnet jene Eigenschaften der Ziegenmilch, die ihre positive ernährungsphysiologische Bewertung ausmachen, sind der Grund dafür, dass einige, von der Kuhmilch bekannten Milchprodukte nur in geringem Umfang angeboten werden.

§. 2. Zur Butter dienet sie nicht / dann sie ist gar zu dünn / und zu zart / und kan deswegen nicht wol zusammen gehen / ja wo sie auch zusammen gehet / so gibt sie doch sehr wenig und nichts wolgeschmackes ; deßwegen ist es besser / man brauche sie allein zu Käsen / die vortrefflich gut werden / absonderlich / wann Küh und Schaf-Mulch unter die Ziegen-Milch ist gemischet worden.

So verhindert die Eiweißzusammensetzung der Ziegenmilch, dass die Konsistenz des Joghurts den Erwartungen entspricht. Er wird nicht stichfest.
Durch die Struktur der Fettkügelchen in der Ziegenmilch rahmt die Milch wenig auf. Will man Ziegenbutter herstellen ist dies nur mit Hilfe einer Rahmzentrifuge möglich. Der niedrige Fettgehalt der Ziegenmilch ist ein weiterer Grund dafür, dass die Butterherstellung keine nennenswerte Bedeutung erlangt. Der überwiegende Teil der Milch wird also zu Käse weiterverarbeitet.
Die Käseherstellung lässt sich im wesentlichen in drei Schritte unterteilen:
a) Die Dicklegung der Milch
b) Die Trennung der Molke von der Käsemasse
c) Die Käsereifung

Die Dicklegung der Milch

Darunter versteht man die Umwandlung der Milch vom flüssigen in einen gelartigen Zustand. Dies geschieht durch die Ausfällung des Kaseins, der Hauptkomponente des Milcheiweißes.
Man unterscheidet zwischen einer Säurefällung und einer Labfällung. In der Praxis werden beide Gerinnungsmöglichkeiten parallel eingesetzt.
Bei der Säurefällung hat der Zusatz von Milchsäurebakterien zur Folge, dass die Kleinteilchen ihre Stabilität verlieren und sich aneinander anlagern. Es entsteht eine weiche, zerbrechliche Gallerte.
Um bei der Labfällung die Milch dickzulegen, verwendet man das, im Kälbermagen vorkommende, Enzym Chymosin. Das Enzym spaltet Teile des Kaseins ab und gleichzeitig kommt es zu einer Ausbildung von Calciumsalzbrücken zwischen den einzelnen Teilchen. Ein festeres Gel entsteht.

Abschöpfen der Molke

Trennung der Molke von der Käsemasse (Bruch)

Überwiegt in der Käserezeptur die Säurefällung, so wird der Bruch wenig oder überhaupt nicht geschnitten. Der Molkeaustritt wird dann nur durch die Säuerung der Milchsäurebakterien unterstützt. Je nach Temperatur und gewünschter Konsistenz des Produktes dauert die Entmolkung 12-24 Stunden.

Überwiegt die Labfällung, so ist der Bruch molkeundurchlässiger. Die Entmolkung lässt sich nun durch Schneiden und Rühren des Bruchs steuern.

Die Käsereifung

Nach der Entmolkung wird der Frischkäse ausgeformt, leicht gesalzen, gekühlt und anschließend verpackt.

Alle weiteren Käsesorten werden nach dem Salzen und gegebenenfalls einer weiteren Trocknungsphase unter Raumbedingungen in einem Reifungsraum gelagert. Erst die Reifung verleiht dem Käse seinen charakteristischen Geschmack. Die Reifung ist der enzymatische Abbauprozess der Käsebestandteile. Abhängig von Größe und Wassergehalt der Käse sind für die Reifung 3-4 Wochen bei Weichkäse (z.B. Camembert), oder bis zu mehreren Monaten bei großen Schnittkäsen nötig. Die dabei wirksamen Enzyme stammen aus dem Lab, der Milch selbst und den zugegebenen Starter- und Reifungskulturen.

Der wirtschaftlichen Bedeutung entsprechend, soll nachfolgend auf die Rezepturen der drei wichtigsten Ziegenkäsearten eingegangen werden. Selbstverständlich erhebt diese Aufstellung keinen Anspruch auf Vollständigkeit, ebenso können viele Parameter der Rezepturen in Abhängigkeit der Verarbeitungstemperatur, der Milchinhaltsstoffe, sowie der gewünschten Konsistenz und des Aromas der Käse variiert werden.

Ziegenfrischkäse

• Rohmilch oder pasteurisierte Milch auf 22-28°C temperieren
• Zugabe von Milchsäurebakterien in Form von Sauermilch oder gefriergetrockner Direktkultur. Milch ca. 2-3 Stunden stehen lassen. Die Raumtemperatur sollte 20-25° C betragen.
• Standardlab (75-90% Chymosin, Stärke 1/15 000) 1-2 ml/100 l einrühren (Lab mit kaltem Wasser verdünnen). Milch ca. 12-24 Stunden stehen lassen (abhängig von Säurekulturmenge und Beimpfungstemperatur).
• Wenn der pH-Wert in der abgesetzten Molke auf 4,6 gesunken ist, kann die Gallerte grob geschnitten werden.
• Nach ca. 30 Minuten die freigewordene Molke über dem Käsebruch abschöpfen. Anschließend den Bruch vorsichtig in die Formen abfüllen.
• Kurz nach dem Befüllen der Formen kann der Käse leicht gesalzen werden.

• Käse in den Formen für 4-6 Stunden abtropfen lassen.
• Wenden und Ausformen des Käses, salzen auf der anderen Seite.
• Der Käse wird für 2-4 Stunden bei 5° C gelagert; er wird dabei fester und kann dann verpackt werden.
Eingepackt lässt sich der Frischkäse problemlos zwei Wochen lagern.
Frischkäse sollte nicht der Sonneneinstrahlung ausgesetzt werden, Transport und Lagertemperatur möglichst unter 8° C liegen.
Für 1 kg Frischkäse werden je nach Fett- und Eiweißgehalt der Ausgangsmilch 5-6 l Milch benötigt.

Schöpfen des Käsebruchs in Formen

Weichkäse nach Camembert - Art

• Rohmilch oder pasteurisierte Milch auf 33-35° C temperieren.
• Zusatz gefriergetrockneter Starterkultur. 20 ml/100 l Calciumchlorid einrühren. Zugabe einer Schimmelkulturlösung. Nach ca. 60 Minuten sollte der pH-Wert um 0,3 absinken.
• Einlaben mit Standardlab (vgl. Frischkäserezeptur) 20-25 ml/100 l. Nach dem Einrühren die Milch sofort zum Stillstand bringen, da bereits nach 7-10 Minuten die Gerinnung einsetzt.
• Dicklegungszeit 50-60 Minuten
• Schneiden der Gallerte in Säulen mit 1 -2 cm Kantenlänge. Anschließend die Würfel mit einer Kelle verziehen, um sie auch in Längsrichtung schneiden zu können.
• Nach 10 Minuten vorsichtig rühren, im Abstand von 10 Minuten 3-4 mal wiederholen.
• Ca. 1 Stunde nach dem Schneiden die Molke abschöpfen und den verbliebenen Bruch in Formen verfüllen. Der pH-Wert sollte bei 6,2 liegen. Unmittelbar nach dem Abfüllen den Käse in der Form wenden, 3-4 mal wiederholen. Abtropfen der Käse bei einer Raumtemperatur um 20° C.
• Ausformen der Käse bei pH 4,8-4,9. Salzen mit Trockensalz oder im Salzbad. Trocknen bei 14-18° C und 75% relativer Luftfeuchte für 1-2 Tage.

Käse auf beiden Seiten mit Schimmel-
suspension besprühen.
• Reifung über 7-10 Tage bei 13 - 15° C und
90% relativer Luftfeuchtigkeit. Dabei alle
2 Tage wenden und so lange besprühen,
bis ein weißer Schimmelrasen sichtbar
wird. Ziegencamembert kann abgepackt
bei 6° C über 3-4 Wochen gelagert werden.
Für 1 kg Camembert werden 8-9 l Ziegenmilch benötigt.

Schnittkäse nach Tilsiter Art
• Rohmilch oder pasteurisierte Milch auf
30° C temperieren.
• Starterkultur zugeben. Bei pasteurisier-
ter Milch 20 ml Calciumchloridlösung
zugeben.
• Nach ca. 45 Minuten einlaben mit
Standardlab bei 30-31° C,
Ph- Wert 6,55-6,6 mit 20-25 ml/100 l.
Anschließend die Milch sofort vollständig
zum Stillstand bringen.
Gerinnungszeit: 15-20 Minuten
Dicklegezeit: 45-50 Minuten
• Schneiden der Gallerte mit der Harfe
innerhalb von 5-7 Minuten auf eine Bruch-
größe von 4-5 mm.
Bruch 20 Minuten vorsichtig rühren.
• Ca. 1/3 des Kesselinhaltes als Molke
abschöpfen, etwa die Hälfte der abge-
schöpften Menge lauwarmes Wasser wie-
der dazugeben.
Nachwärmen des Bruchs: Innerhalb von

Der pH-Wert wird gemessen

20 Minuten von 31° C bis 38-39° C unter
vorsichtigem Rühren.
• Bruch 2-5 Minuten absetzen lassen und
überstehende Molke abschöpfen.
• Bruch - Molke - Gemisch direkt in
Formen abfüllen. Nach dem Abfüllen
sofort wenden.
• Abtropfen lassen. 10 Minuten nach dem
Abfüllen nochmals wenden, dann wieder
nach 30 Minuten, 1, 2, 4 und 6 Stunden.
Im Abtropfraum herrscht ständig eine
Temperatur von 22-24° C. Das Abtropfen
dauert 8-10 Stunden. In dieser Zeit sinkt
der pH-Wert im Käse auf 5,2-5,3. Wenn der
pH erreicht ist abkühlen und salzen.

• Salzen: Entweder im Salzbad, (18%-ig
bei 10-12° C) für 12-15 Stunden je Kilo
Käse, oder Trockensalzen durch Einreiben
mit einer Mischung von feinem und gro-
ben Salz. Nach 6 Stunden wenden und
wieder einreiben.
• Reifen: Bei 13-15°C und 90% relativer
Luftfeuchtigkeit. Der Käse wird jeden zweiten Tag mit einer salzigen Rotschmier-
lösung geschmiert. Die Reifungszeit
beträgt zwischen 1 und 3 Monaten. Der
junge Käse ist sehr geschmeidig und mild.
Mit zunehmender Reifung erhält er ein
charakteristisches Aroma.
Für 1 kg Schnittkäse werden 10-11 l
Ziegenmilch benötigt.

ULRIKE UND HARTMUT BINDER
CURRICULUM VITAE

Der 1961 in Weil im Schönbuch geborene Hartmut Binder fasste bereits zur Schulzeit den Entschluss, den Bauernhof der Eltern weiterzuführen.

Auf der Suche nach einer Marktnische, wurden während des Studiums der Agrarwissenschaften an der Universität Hohenheim (1982-1988) erste Kontakte zum Ziegenzuchtverband und der in Hohenheim ansässigen Lehr- und Versuchsmolkerei geknüpft. Mit 15 Mutterziegen, deren Milch zunächst in Hohenheim verarbeitet wurde, beschritten die Binders 1986 auf ihrem Hof einen neuen Weg. Die Herde wuchs rasch, und mit der "Edelkäserei Migliore" in Waldorf-Häslach wurde ein Partner gefunden, der die Verarbeitung der Ziegenmilch, sowie die Vermarktung der erzeugten Produkte übernahm. Bei der Planung eines neuen Ziegenstalles für 70-100 Tiere, reifte dann die Idee, sich selbst an die Käseproduktion zu wagen. Seit Februar 1998 stehen Ulrike und Hartmut Binder nun in ihrer eigenen Hofkäserei. Mit Rat und Tat durch den Hohenheimer Molkereifachmann Luc Mertz unterstützt, verarbeiten sie die Milch der mittlerweile 70 Saanen-Ziegen (jährlich ca. 45 000l) zu Ziegenquark, Weichkäse und vielen leckeren Frischkäsearten. Direktvermarktung war auf dem Hof Binder schon immer großgeschrieben, und so finden die Ziegenkäsespezialitäten unter dem Namen "Die

Käsmacher" ihren Absatz im eigenen "Hoflädle", auf Bauernmärkten, in Feinkostläden und nicht zuletzt in zahlreichen Restaurants auf der Schönbuchlichtung und Umgebung.

Ulrike und Hartmut Binder
Waldenbucher Strasse 75
71093 Weil im Schönbuch

DR. JÜRGEN SCHEDLER

ZIEGE UND SCHAF - NATURSCHUTZ UND LANDSCHAFTSPFLEGE

Von der Jungsteinzeit ins Mittelalter - vom Vorderen Orient nach Südwestdeutschland

Die ersten Bauern und Schäfer in unserem Raum

Viele meinen, unsere Heiden und Wacholderheiden seien reinste Natur und urige Naturlandschaften. Dem ist bei Weitem nicht so. Das Urwüchsige und Urtümliche täuscht. Heiden sind, wie auch Wiesen, Weiden und Felder - mit dem Auftreten der ersten Menschen in der Jungsteinzeit in unserem Raum als gewaltige "Eingriffe" in eine natürliche Waldlandschaft entstanden und haben sich aus dem Zusammenwirken von Natur, Mensch, Schaf und Ziege über viele Jahrhunderte hinweg entwickelt. Der Ökologe würde dies in seiner Fachsprache folgendermaßen formulieren: Heiden sind anthropo-zoogenen Ursprungs, Ergebnis der Koevolution von Mensch, Tier und Natur. Um diese Zusammenhänge besser verstehen zu können, müssen wir einige tausend Jahre in die Geschichte zurückgehen.

Der größte Teil Südwestdeutschlands war damals Urwald. Waldfrei - und das vielfach bis heute - waren von Natur aus nur die Felsen und Hochmoore. Buche und Eiche dominierte wohl in diesem Wald, begleitet von Ahorn, Esche, Ulme, Linde, Hainbuche und einigen wenigen Nadelhölzern. Auch der unsere heutigen Heiden oft charakterisierende Wacholder war bereits vorhanden, als lichtliebende Art zusammen mit der Kiefer aber nur an den sonnig-warmen Felsen und Waldrändern. Zu dieser Zeit gab es hier noch keine sesshaften Bauern, keine Kulturpflanzen und keine Haustiere. Diese kamen aus dem Vorderen Orient.

Der "fruchtbare Halbmond" - das bewässerte und fruchtbare Gebiet vom Persischen Golf über Mesopotamien bis

So muß damals bei uns der Urwald ausgesehen haben

ins alte Palästina - brachte eine Vielzahl an Menschen hervor, die beispielsweise durch das Donautiefland in unseren Raum - gewissermaßen als Kolonisten - einwanderten. So der Stand der derzeitigen Wissenschaft.

Schon vorher, im 7. Jahrtausend vor Chr., war nämlich im Vorderen Orient der Schritt des Menschen vom umherziehenden Jäger und Sammler zum sesshaften Bauern mit bestimmten Wirtschaftsformen in Verbindung mit dem Anbau von Kulturpflanzen und der Haltung von Nutz- und Haustieren erfolgt.

Aus geeigneten wilden Grasarten waren bereits Getreidesorten - Stammformen von Emmer, Einkorn und Gerste - gezüchtet. Dort als Gebirgsbewohner heimische Wildschafe, das südwestasiatische Mufflon, und Wildziegen, die Bezoarziege, wurden bereits domestiziert, also in Gefangenschaft zur Fortpflanzung gebracht, und waren die ersten Wirtschafts- und Haustiere. Beide Tierarten wandern, je nach Jahreszeit und Angebot der Weidepflanzen, zwischen den Gebirgslagen und den Tälern hin und her. Für die Domestikation von Haustieren war bei den Völkern des Vorderen Orients die Vorratshaltung von Getreide und die Sesshaftigkeit von Bauern Voraussetzung.

In diesen südwestdeutschen Urwald wanderten während der Jungsteinzeit

Urige Heiden zu jeder Jahreszeit

(Neolithikum) Mitte des 5. Jahrtausends vor Chr. aus dem Südosten Ackerbauern und Viehzüchter nach und nach ein, schufen Rodungsflächen und wurden sesshaft. Für sie wurde damit ein rascher Siedlungswechsel nicht mehr nötig. Bevorzugt besiedelt wurden die Gebiete mit guten Böden und günstigem Klima. In Baden-Württemberg waren dies v.a. die Gäulandschaften des mittleren Neckarraums mit den fruchtbaren Lössböden und die Oberrheinischen Gebiete.

Aus einer Naturlandschaft entwickelte sich vor etwa 6-5 Tausend Jahren vor Chr. eine Kulturlandschaft! So entstand im Laufe der Zeit ein offener, lichter, parkartiger Wald. Mit steigender Bevölkerung wurde dieser bis ins Mittelalter immer weiter zurückgedrängt.

In unmittelbarer Nähe der Dörfer lagen die Anbauflächen für Getreide und Feldfrüchte, Rinder und Schweine wurden in den Wald getrieben, was zur verstärkten Auflichtung des Waldes führte, Ziegen hielten aufkommende Gebüsche kurz. Von diesen sog. Hutewäldern gibt es heute bei uns nur einige Reste.

Durch Rodung entstandene nährstoffarme und siedlungsferne Weiden, aber auch die abgemähten einschürigen Magerwiesen ließ man von Schafen beweiden, die einen wichtigen Platz einnahmen. Nach der Ernte weideten Schafe und Rinder auf den Feldern und düngten diese.

Gepflegte und beweidete Heide neben verwachsener, in Kiefernwald übergegangener Heide

Naturschutzgebiet "Haarberg - Wasserberg" bei Reichenbach i.T.

Es bildete sich das uns lieb gewordene und vertraute Mosaik aus Wäldern, Wiesen, Weiden und Äckern sowie Siedlungen. Am Ende des 14. Jahrhunderts stand die Verteilung von Wald und Feld fest.

Die Schäferei wird ein bedeutender Wirtschaftsfaktor

Wir wissen nun, dass die siedlungsfernen, für den Ackerbau ungeeigneten, unproduktiven Flächen aus der damaligen Not heraus mit Schafen beweidet wurden. Auf diesen entwickelten sich wohl bereits seit dem Neolithikum - seit dieser Zeit war auch die Alb kontinuierlich besiedelt - die Kalkmagerrasen der Schwäbischen Alb und des Muschelkalkgebiets, der Gäue, aber auch die sauren Heiden auf Urgestein und Sandstein. Wir werden später die Unterschiede dieser Heidetypen noch kennenlernen. Kennzeichnend ist damals noch eine ungeregelte Feldgraswirtschaft.

Mit zunehmender Bevölkerung erlangte das Schaf, besonders dann im Mittelalter, eine große Bedeutung als Woll-, Leder-, Fleisch-, Milch- und Düngerlieferant. Die Schäfer mussten, je nach Jahreszeit, Sommerweiden auf den Höhen und Winterweiden in den klimabegünstigten Tälern, oft sehr weit vom Ort entfernt, aufsuchen.

So entstand auf der Schwäbischen Alb, im Schweizer Jura, auf der Fränkischen Alb und in den Mittelgebirgen (Schwäbisch-Fränkischer Wald, Schwarzwald, Rhön, Vogesen, Pfälzer Wald, Randgebiete von Taunus und Spessart) die Wanderschäferei als sehr flächenintensive Nutztierhaltung, auch weil auf diese Flächen keine Nährstoffe ausgebracht wurden. Es bildete sich ein über hunderte von Kilometern sich erstreckendes, vernetztes und gut organisiertes System von Weiden, großen gemeindeeigenen Weideflächen, den Allmenden, Triebwegen, Pferchplätzen und Stallungen, wie wir heute wissen ein ausgezeichnetes "Biotopverbundsystem", durch das der Austausch von Pflanzen- und Tierarten gewährleistet war - aber davon später.

Ab dem 14. Jahrhundert wandelte sich die Feldgraswirtschaft zur Dreifelderwirtschaft. Innerhalb dieser Bewirtschaftungsform brauchten die Bauern für ihre abgeernteten Felder und die Brachäcker den Schafdung in Form von "Pferchnächten".

Dafür bekam der Schäfer genügend Weiden und Triebwege durch die Flur. Die Gemeinden erhoben vom Schäfer Pachtzinsen und hatten hier eine Einnahmequelle. So konnte die Nahrungsmittel-

Merino-Landschafe als Landschaftspfleger

produktion gesteigert und der ständige Wollbedarf befriedigt werden. Daher genossen die Schäfer auch die Gunst der Grafen und Herzöge.

Im 15. Jahrhundert entwickelte sich die Schäferei beispielsweise in Württemberg zu einer "ehrbaren" Zunft mit eigenem Recht, eigener Sprache und eigenen Bräuchen. Ein erster schriftlicher Hinweis auf die Schäferversammlung in der Stadt Markgröningen geht auf das Jahr 1445 zurück. 1651 wurde von Herzog Eberhard III. von Württemberg eine Schäferordnung erlassen mit Bestimmungen über "Generalzusammenkünfte" der Schäfer - Erscheinen war Pflicht!

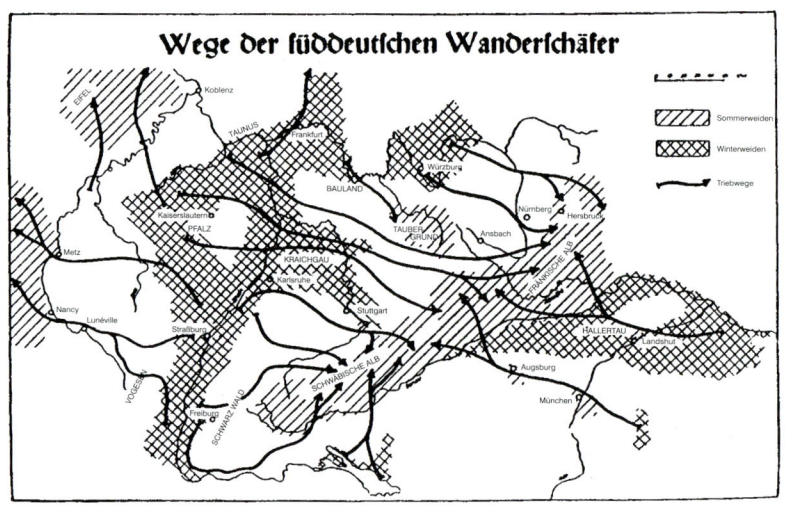

Wege der füddeutfchen Wanderfchäfer

Sommerweiden
Winterweiden
Triebwege

Merino-Landschafe auf Wanderschaft

Herzögliche Dekrete von 1723 gaben den Schäfern auf der Alb und im Schwarzwald eigene Schäferläufe - so in Heidenheim, Urach und Wildberg - Ursprung der heute noch ausgeübten, viel besuchten und sehenswerten Veranstaltungen dort mit Kirchgang, Wettlauf der Schäfertöchter, Krönung des Schäferkönigspaars, Schäfermusik mit Dudelsack, Flöten und Geigen, Krämermarkt und Speis und Trank.
Mitte des 19. Jahrhunderts war der Höhepunkt erreicht. Für die württembergischen Herzöge war die Schäferei der bedeutendste Teil der Viehzucht. Ein Zehnfaches des heutigen Schafbestands weidete in unserem Raum. Deutschland war damals weltweit eines der wichtigsten Ausfuhrländer

für Schafwolle. Doch von da an ging es bergab!

Der Niedergang der Schäferei und seine Folgen: weniger Schafe - weniger Heiden
Der Niedergang, der bis in die heutige Zeit reicht, hatte mehrere Ursachen. Die heimische Schafwolle erhielt Konkurrenz von Wolleinfuhren aus Übersee und von der Baumwolle. Auch die Erfindung der Kunstfaser machte die Schäferei zunehmend unrentabel. Zudem hatten sich in der Landwirtschaft die Strukturen verändert: die Ablösung der Dreifelderwirtschaft durch das Einzelhof-System, die Haltung von Tieren in Stallungen und der Anbau von Futterpflanzen machte Weidegänge unnötig, die Erfindung des Kunst- oder Mineraldüngers machte Pferchnächte überflüssig, neue Kulturformen und Bewirtschaftungsmethoden, die Aufteilung der Allmendweiden setzten der Schäferei schwer zu und ließen den Schafbestand enorm verringern. Als Folge wurden nach und nach Tausende von Hektar Heiden zu Ackerflächen umgepflügt, zu Wiesen aufgedüngt, mit Fichten oder Kiefern aufgeforstet oder als Brachen der natürlichen Entwicklung zum Wald, der Sukzession, wie der Fachmann sagt, überlassen. Der von unseren Vorfahren gerodete Wald eroberte sich die Flächen wieder zurück. Heute noch stehen auf der Schwäbischen Alb alte Fichtenwälder auf ehemaligen

Schafweiden. Auch soziale Aspekte, wie schlechtes Einkommen der Schäfer, kein geregeltes Familienleben, keine Freizeit und schlechte Nachwuchslage führten zum Rückgang dieses Berufsstands. Schließlich kam die Dichte der neuen Siedlungen und Verkehrswege hinzu, durch die wiederum Heiden verlorengingen und alte Triebwege abgeschnitten wurden. Der Tiefpunkt der Schäferei verbunden mit einem dramatischen Rückgang der Heiden war in den 1960er Jahren erreicht. Seit der Wende des 18./19. Jahrhunderts waren die Heiden auf die Hälfte ihrer früheren Fläche zurückgegangen. In manchen Landkreisen des Regierungsbezirks Stuttgart beispielsweise waren durch die o.g. Gründe bis zu 70% der ehemaligen Heiden verschwunden. Untersuchungen der Bezirksstelle für Naturschutz und Landschaftspflege Stuttgart aus den Jahren 1980 und 1990 belegen: 47% der im Untersuchungsgebiet festgestellten ehemaligen Heiden, in manchen Gegenden bis zu 90%, waren der natürlichen Entwicklung zum Wald, 26% der Aufforstung, 18% der landwirtschaftlichen Intensivierung anheimgefallen, die restlichen 9% wurden mit Straßen und Gebäuden, Spiel- und Sportplätzen usw. überbaut. Ähnliche Ergebnisse zeigt die Wacholderheidenkartierung der Forstdirektion Tübingen. Der Verlust von Lebensraum eines offenen Kulturlandes wird besonders deutlich bei einem Vergleich historischen Karten- und Bildmaterials mit Karten und Photos der Gegenwart!

Die Buttenhausener Eichhalde (NSG) im Großen Lautertal, 1940 und heute

Wollköpfige Kratzdistel

Biss und Tritt von Schaf und Ziege, Schippe und Axt des Schäfers gestalten die Heide

Die Zusammensetzung der Pflanzenarten und das Aussehen einer Heide ist natürlich davon abhängig, mit welchen Pflanzen das Schaf seinen Hunger stillt und wieviel Artgenossen sich den gedeckten Tisch - sprich: die Heide - teilen müssen. Verständlicherweise verschmäht das zarte Schafsmaul alle dornigen und stachligen Kräuter und Gehölze, wie die Silberdistel - die Symbolpflanze der Schwäbischen Alb, auch "Wetterdistel" genannt, weil sie ihre Blütenhüllblätter in Abhängigkeit von der Luftfeuchte schließt und öffnet - oder ihre kleinere Schwester, die Golddistel, oder die mannshoch werdende Wollköpfige Kratzdistel mit ihren spinnwebartig überzogenen Körbchen, die Stengellose Kratzdistel, ferner Dornige Hauhechel, Schlehen, Weißdorn, Berberitze, Wildrosen mit einem Dutzend verschiedener Arten oder junge Nadelgehölze. Zu diesen verschmähten Gehölzen gehört auch der Wacholder, der die markanten Säulen bildet - die "Zypressen des Nordens". Wer kennt sie nicht, seine schwarzblauen Beeren - eigentlich fleischige Zapfen - als Würzmittel für Speisen oder in der Form eines heilenden Extrakts. Die Beeren enthalten ein bestimmtes ätherisches Öl, das Oleum juniperi, sowie einen Juniperin genannten Bitterstoff, die Wacholderschnaps, Gin, Genever oder Kranawitter zu einem brauchbaren Magenmittel machen. Von Schafen gemieden werden ebenso wegen ihrer ätherischen Öle scharf oder weniger angenehm schmeckende Pflanzen, beispielsweise Thymian, Schafgarbe, Dost, Wermut oder Bergminze. Übrigens hat die Schafgarbe ihren Namen vom altdeutschen "Garwe", was "Gesundmacher" oder "Heiler" bedeuten soll.

Wacholder

Früher wurden wohl kranke Schafe mit der "Garwe" gefüttert. Einige dieser Kräuter sind uns als Heil-, Tee- oder Gewürzpflanzen gut bekannt und wohl geschätzt. Wegen ihrer Bitterstoffe werden Enziane, so der "enzianblaue" Frühlings-Enzian, die spätsommerlichen Fransen- und Deutscher Enzian, seltener Gelber Enzian - dieser auch als Schnaps bekannt- , wegen ihres Milchsaftes die Zypressenwolfsmilch, aber auch giftige Pflanzen, wie Stinkende Nieswurz, Schwalbenwurz oder Gewöhnliche Küchenschelle - der Homöopath kennt letztere als Pulsatilla - verschont und übergangen.

Silberdistel

Aufgrund ihrer Derbheit werden die Grasarten Blaugras, Borstgras, Pfeifengras, Schmiele und Zwenke nicht verbissen. Andere Pflanzenarten können sich mit unterirdischen Wurzeltrieben oder Knollen dem Schafsbiss entziehen, so der Knollige Hahnenfuß, das Aufrechte Fingerkraut oder Sauergräser. Durch einen niedrigen Wuchs mit eng an den Boden angeschmiegten Blattrosetten schützen sich Mittlerer Wegerich, Habichtskräuter, Braunellen, Berggamander, Gewöhnliches Katzenpfötchen und Kleiner Wiesenknopf. Als Köstlichkeiten bevorzugt werden vom Schaf natürlich zarte und wohlschmeckende Gräser und Kräuter wie Wiesenflockenblume, Schmetterlingsblütler, verschiedene Kleearten, Rauher Löwenzahn, Herbstlöwenzahn, Aufrechte Trespe, Fiederzwenke in jungem Zustand, Schafschwingel, Wiesen-Kammgras, Pyrenäen-Schillergras und Rispengras, die eine oder andere Orchidee muss auch daran glauben.

Jahreszeiten, Wetter, Anzahl der Schafe (Besatzdichte), Verbissfreudigkeit, Art der Beweidung - Wanderung oder Koppelhaltung - haben zusätzlich zu Biss und Tritt Auswirkungen auf die Vegetation hinsichtlich Auslese der Pflanzen und Artenzusammensetzung und den Zustand der Heide. Auch der früher viel häufigere gestalterische Eingriff des Schäfers, mit Schippe und Axt einige unliebsame und

Golddistel

Dornige Hauhechel

Hummel-Ragwurz

Küchenschelle

störende Pflanzen zu beseitigen, bestimmte das Bild dieses Lebensraums. Neben dem Verbiss spielt auch noch die Trittwirkung eine wichtige Rolle für die Struktur einer Heide. Die sogenannte "Trippelwalze" führt zur Verfestigung der Vegetationsdecke, was besonders in Hanglagen günstig ist - auch ein Grund für die Schafbeweidung von Deichen und Dämmen zum Schutz vor Hochwasser entlang großer Flüsse und in Küstengebieten. Aus diesen Zusammenhängen heraus erklärt sich auch der stockwerkartige Aufbau der Heiden, den wir vielfach feststellen können: ein unteres Stockwerk aus kurzgefressenen Kräutern und Gräsern, ein mittleres Stockwerk mit den vom

Schaf verschähten Kräutern und Zwergsträuchern sowie ein oberstes Stockwerk aus dornigen und stacheligen Gehölzen. Dieses wird beispielsweise aus Wacholder und Wildrosen gebildet, in deren Schutz sich wiederum andere Kraut- und Gehölzarten entwickeln können, unter ihnen die trittempfindlichen hochwüchsigen Stauden der Waldränder wie der purpurne Blut-Storchschnabel oder das intensivgelbe Ochsenauge, aber auch verschiedene Orchideen, wie die Fliegen-, Bienen-, Hummel- oder Spinnenragwurz. Hier können sich auch Fichten, Kiefern, Eschen, Hainbuchen oder Buchen entfalten und zu

Frühlings-Enzian

mächtigen Solitären, so den typischen Weidbuchen, Weideichen und Weidlinden heranwachsen und die Heide regelrecht überschirmen. Nun versteht es sich fast von selbst, dass eine mechanische Pflege mit einem Mähgerät diese differenzierten und selektiven Einflüsse auf die Vegetation durch die Beweidung nicht ersetzen oder imitieren kann.

Wie sieht nun der Speiseplan der Ziege aus?

Das Spektrum der Vegetationsformen und Futterpflanzen für Ziegen ist größer als das anderer Nutztiere. So hängt die Verfügbarkeit von Weidepflanzen nicht nur vom Standort ab, sondern auch von der Jahreszeit. Entscheidend ist nämlich - je nach Jahreszeit und Wachstumsstadium - der Nährstoffgehalt der Pflanze. Sonst von den Ziegen bevorzugte übliche Weidepflanzen werden abgelehnt, wenn deren Nährstoffgehalt zu gering ist, beispielsweise Gräser während der Trockenzeit. Stehen gleichzeitig andere Pflanzen zur Verfügung, die gerade nährstoffreicher sind, so werden diese gefressen, zum Beispiel die Blätter und Triebe von Büschen, wie Weißdorn, Faulbaum, Hasel, Pfaffenhütchen, aber auch von Eichen, Buchen, Birken, Hainbuchen, Robinien, Weiden, und Fichten. So können Schlehen, Eichen und Wacholder, die unter guten Futterverhältnissen von den Ziegen gemieden wer-

den, während Trockenperioden den Hauptanteil des Futters ausmachen. Die Ziegen sind also in der Lage, das beispielsweise den Schafen, aber auch anderen Pflanzenfressern, schwer erreichbare Futter zu verwerten - letztlich durch ihre Geländegängigkeit - wir erinnern uns an die aus dem Gebirge stammende Wildform. Dabei suchen sie immer wieder nach neuen Pflanzen - die Ziege erscheint daher "kapriziös", was von capra (lat. Ziege) hergeleitet wird. Selbst kleine Zweige, Rinde und ausgegrabene Wurzeln werden verspeist. So ist es verständlich, dass Ziegen, aber ebenso Schafe, wie im Orient, im Mittelmeergebiet oder in Afrika in großen Herden gehalten und bei intensiver Beweidung Vegetation auch zerstören können. Dafür sind freilich weder Ziege noch Schaf verantwortlich, sondern der sie vielfach aus einer Notlage heraus haltende Mensch.

Weidende Ziegen in einer Schafherde

Heide ist nicht gleich Heide! - sagt der Vegetationskundler

Den Heiden, Schafweiden und Wacholderheiden ist gemeinsam, dass sie auf kargem, nährstoffarmen Untergrund mit ungünstigen Boden- und Klimabedingungen gelegen sind: geringe Bodenauflage, also "auf Teufels Hirnschale", oft steile, stark besonnte, im Sommer extrem heisse Hanglagen. Die Flächen waren in den wenigsten Fällen ackerfähig. Es lohnte sich nicht, auf ihnen Dünger auszubringen. Sie waren eben gerade gut genug, auf ihnen Schafe und Ziegen grasen zu lassen. Hierdurch wurden den bereits von Natur

Magerrasen bodensaurer Standorte mit Heidekraut im Gnannental/Ostalb

aus mageren Standorten zusätzlich und ständig Nährstoffe entzogen. Die Kräuter und Gräser, denen ein frisches, saftiges Wiesengrün fehlt, sind meistens kurzwüchsig. Sie werden in der Vegetationskunde als Magerrasen und Halbtrockenrasen bezeichnet.

Der Pflanzensoziologe unterscheidet aber, je nach geologischem Untergrund und Bodenverhältnissen verschiedene

Pflanzengemeinschaften, die beim genauen Betrachten und ein wenig Artenkenntnis auch der Laie erkennen kann.

In Süddeutschland deckt sich die Verbreitung der Heiden mit bestimmten geologischen Schichten. Überall dort, wo Kalkgestein vorherrscht, besonders auf der Schwäbischen Alb, der Fränkischen Alb oder dem Schweizer Jura, in den baden-württembergischen Gäulandschaften des Muschelkalks, so im Heckengäu, Neckarland, Kocher- und Jagsttal, im Tauberland, auf der Baar und in der Vorbergzone des südlichen Oberrheingrabens treffen wir die Kalkmagerrasen mit ihren kalkliebenden Pflanzen an. Der Pflanzensoziologe ordnet sie hauptsächlich den Enzian-Schillergras-Halbtrockenrasen zu, benannt nach dem Pyramiden-Schillergras und den verschiedenen Enzianen. Auch Trockenrasen, so auf Felskuppen und ähnlichen Extremstandorten, mit Fetthenne, Mauerpfeffer, Gamander, kräftig gelbem Frühlingsfingerkraut, rot leuchtender Karthäusernelke, Steinröschen und Berg-Steinkraut sind früher extensiv beweidet worden.

Die Pflanzen, die an trockenen und sonnigen Standorten überleben wollen, dürfen hinsichtlich der Nährstoffe und des Wassers nicht zu anspruchsvoll sein. Es können sich also nur solche Arten halten, die derartige Bedingungen ertragen. Mit Wasser müssen sie alle gut haushalten können. Sie erlangen dies durch spezielle Einrichtungen zum Schutz vor Trockenheit und Licht. So schützen verstärkte Abschlussgewebe, bläuliche Wachsschichten und Korkauflagerungen die Blätter, beispielsweise des Gamanders, vor übermäßiger Belichtung, Erwärmung und Verdunstung. Mit feiner Behaarung reflektiert die Küchenschelle das Licht. Auch die Verkleinerung der Blattoberfläche, wie bei der Graslilie, führt zu Ersparnissen im Wasserhaushalt. Bei Hauhechel und Gamander bewirkt auch die Verholzung der Stengel einen Verdunstungsschutz. Den gleichen Zweck erfüllen beim Labkraut die eingerollten Blätter.

Viele andere Arten erreichen mit einer ausgedehnten Bewurzelung das Wasser oder speichern dieses in verdickten Blätter, wie dies bei den Dickblattgewächsen der Fall ist.

Das weitere Artenspektrum dieser Heiden ist uns bereits aus dem o.g. "Menueplan" der Schafe bekannt.

Im Bereich der silikatischen Urgesteine - der Granite und Gneise -, sowie der Sandsteine, etwa im Schwarzwald, im Schwäbisch-Fränkischen Wald, vereinzelt auch auf der Schwäbischen Alb auf entkalkten Kalkverwitterungslehmen, sind saure Böden ausgebildet. Hier finden wir die bodensauren Heiden und Borstgrasdriften, die im Gegensatz zu den Kalkmagerrasen auch auf feuchten Flächen vor-

Heidenelke auf "saurer Heide"

kommen können. Es dominieren hier Pflanzen, die saueres Milieu und ebenfalls Nährstoffarmut bevorzugen.

Die Zusammensetzung der Pflanzenarten dieser "sauren Heiden" ist auch abhängig von der Nutzungsgeschichte, die je nach Region verschieden ist. Selbst hier kann der Pflanzensoziologe verschiedene Pflanzengesellschaften differenzieren. Als Beispiel seien die an Wiesenhafer reichen Flügelginsterweiden der Kalkverwitterungslehme der Schwäbischen Alb und der Baar genannt. Namensgebend für diese Gesellschaft sind der Wiesenhafer und der Flügelginster mit seinen kräftiggelben Schmetterlingsblüten. Dunkelrote Flecken setzt im Sommer die Heidenelke hinzu, zartgelbe Schleier bilden die kleinen Blüten des echten Labkrauts.

Im Spätsommer und Herbst setzt die beeindruckende Blüte des Heidekrauts ein, das nun an die Heide erinnert, wie wir sie von der Lüneburger Heide her kennen.

Flügelginster-Heiden mit Trift-Hafer und Schmiele

Was kreucht und fleucht denn da - die Tierwelt der Heiden

Die Tierwelt der Kalkmagerrasen ist, entsprechend der Vielfalt der Pflanzen, sehr artenreich. Mit den licht-, wärme- und trockenheittoleranten Pflanzen sind ganz bestimmte Tierarten vergesellschaftet. Vielfach handelt es sich auch um Arten, die sich an die Weite und Offenheit der Heiden angepasst haben und nur hier vorkommen. Schon die Namen von Wacholderdrossel und Heidelerche weisen darauf hin. Die Heidelerche, leicht am melodischen Gesang und dabei ausgeführtem Sturzflug erkennbar, brütet, wie der hier auch vorkommende Fitis, auf dem Boden am Grunde von Hecken.

Im offenen Gelände häufig anzutreffen ist der Neuntöter oder Rotrückenwürger - so genannt, weil er seine Beute, kleine Insekten oder Mäuse, auf die Dornen von Büschen spiesst. Weitere charakteristische Vögel sind Klappergrasmücke, Goldammer, Hänfling, Laubsänger, verschiedene Meisen und Finken. Greifvögel, so Rotmilan und Mäusebussard, seltener Habicht und Sperber, ernähren sich von Mäusen und anderen Kleinsäugern. Ferner haben hier Reptilien, wie Zaun- und Bergeidechse, Schlingnatter und Kreuzotter ihren Lebensraum.

Schwalbenschwanz in seinen Entwicklungsstadien - vom Ei über Raupe und Puppe zum Falter

Schmetterlingshaft

Die unterschiedlichen Kleinstrukturen, der stockwerkartige Vegetationsaufbau, vegetationsfreie und daher sich noch stärker erwärmende Trittstellen, Erosionsstellen oder Geröllhalden, wie insgesamt der hohe Anteil an Steinen, ist mit verantwortlich für eine artenreiche Kleintierlebewelt. Fast die Hälfte aller 62 in Baden-Württemberg vorkommenden Heuschreckenarten kommen hier vor, so der Heidegrashüpfer und andere Grashüpfer, die Sahlberg-Dornschrecke, der Warzenbeißer oder die Rotflügelige Schnarrschrecke, bei der nur im Flug ihre rötlichen Flügel erkennbar sind.

Enorm ist auch die Anzahl der Schmetterlingsarten. Die Heide bietet ihnen ein reiches Angebot an Eiablage-, Raupenfutter- und Nektarpflanzen. Im zeitigen Frühjahr - der letzte Schnee liegt noch - kann man

Kreuzotter

arten weisen eine sehr strenge Wirtsspezifität auf, da ihre Entwicklung an das gleichzeitige Vorkommen einer Enzianart, die als Futterpflanze dient, und an das Vorkommen einer bestimmten Ameisenart gebunden ist. Aus der Gruppe der Spanner seien Wacholder-Blütenspanner und Thymian-Blütenspanner erwähnt. Die in Heiden vorkommenden Rohbodenstellen sind Lebensraum für Sandlaufkäfer und Wildbienen. Ferner kommen in den Heiden unzählige Spinnen und Schnecken vor.

Die Tierwelt der sauren Heidetypen ist ähnlich artenreich. Hier ist die vom Aussterben bedrohte Zippammer zu nennen. Doldenblütler sucht der Schwalbenschwanz zur Eiablage auf.

Charakteristisch ist der seltene Schwarzfleckige Heidegrashüpfer, der wohl an ehemalige Schafweiden gebunden zu sein scheint. Der Leser sieht - die Darstellung all dieser Arten würde den Rahmen dieses Buches bei Weitem sprengen!

Raupe des Wolfsmilchschwärmers

Laufkäfer

sich am Zitronenfalter erfreuen. Das Weibchen legt die Eier einzeln in die Knospen von Faulbaum oder Kreuzdorn ab. Überwiegend im Schlehengebüsch lebt der Segelfalter. Hier legt auch der kleine Schlehen-Zipfelfalter seine Eier ab. Die Raupen des Kaisermantels fressen im Frühling an Brombeer- und Himbeergestrüpp. Die Raupe des Schachbretts überwintert an Gräsern - und nur auf den Heiden gibt es noch genügend ungemähte Flächen. Der Hufeisenklee-Heufalter verrät schon mit seinem Namen, dass er diesen Schmetterlingsblütler benötigt, der Wolfsmilchschwärmer ernährt sich wiederum von der Zypressen-Wolfsmilch.

Die Raupen einiger seltener Bläulings-

Heidegrashüpfer

Bedeutung der Heiden für den Naturschutz - "Unveräußerliche Bestandteile der Alblandschaft"

Unsere Heiden - durch Schäfer und Schafe unbewusst geschaffene Biotope - haben für den Naturschutz nicht nur regionale, sondern bundes- und europaweite Bedeutung. Dies ist zum einen begründet in der hohen Artenvielfalt lichtliebender, trockenheits- und wärmeertragender Spezialisten aus der Pflanzen- und Tierwelt, von denen viele ihre Hauptverbreitungsgebiete in Europas südlichen und südöstlichen Regionen haben. Sie gehören zu den artenreichsten Lebensräumen Europas.

Heidelandschaft im Oberen Filstal

Experten schätzen, dass auf 25m² Fläche Magerrasen rund 50 Pflanzenarten und etwa 1000 (!) Tierarten vorkommen - eine höhere Artendichte als in manchem Wald. Das steht auch mit dem hohen Austausch der Arten mit Hilfe der Schafe in Verbindung. Jüngste wissenschaftliche Untersuchungen belegen, dass auf einem Schaf - im Fell, im Darm und in den Hufen - Tausende von Samen verschiedenster Pflanzenarten und viele Tiere, so z.B. Heuschrecken und Schnecken, transportiert werden können.

Als Folge des enormen Rückgangs der Heiden und Magerrasen - die Ursachen sind uns aus den vorherigen Kapiteln bekannt - gehören diese mit zu den am stärksten gefährdeten Lebensräumen Mitteleuropas. Für viele Arten, bestimmte Insekten-, Reptilien-, Vogel- oder Pflanzenarten, stellen sie Rückzugsgebiete dar. Infolge der Trennung von Triebwegen wurden viele Heiden isoliert, der wichtige Austausch von Arten unterbunden. Auch die Sammeltätigkeit des Menschen hat vor allem viele Pflanzen dezimiert, so die Enziane, Silberdistel, Katzenpfötchen, Küchenschelle, Heideröschen oder verschiedene Orchideen. Die Stickstoffeinträge aus der Luft bewirken eine unerwünschte Düngung dieser Magerstandorte.

So ist nur allzuverständlich, dass viele dieser Pflanzen und Tiere schon seit län-

gerer Zeit gesetzlich geschützt sind, so
über die Bundesartenschutzverordnung,
oder auf der sog. "Roten Liste der gefährdeten Arten" geführt werden.
Nicht vernachlässigt werden dürfen die
Aspekte der Erholungsvorsorge - viele
Heiden sind von hoher landschaftlicher
Attraktivität und damit bedeutende Nah-
erholungs- und Wandergebiete -, des
Landschaftsbildes - der Pflanzengeograph
Robert Gradmann spricht von "unveräus-
serlichen Bestandteilen der Albland-
schaft" - sowie der Kultur- und Landes-
geschichte.
Aus diesen Gründen wurde in den vergangenen 30 Jahren vieles getan, über den
Schutz und mit Hilfe der Landschaftspfle-
ge die Heiden zu erhalten.

**Schutz der Heiden in Baden-Württemberg
während der letzten 30 Jahre
Vom Naturdenkmal zum europäischen
Schutzgebietsnetz NATURA 2000**

Mit Beginn der 1970er Jahre setzten er-
freulicherweise verstärkte Schutzbemüh-
ungen und Pflegemaßnahmen ein, parallel dazu eine gegenläufige Entwicklung in
der Schäferei, die sich leicht zu erholen
begann.
Dies ist sicher auf ein größeres Umwelt-
bewußtsein in der Bevölkerung zurückzuführen und auf eine neue Gesetzgebung
das Landesnaturschutzgesetz von Baden-
Württemberg (LNatSchG) von 1975. Aus
Gründen des Landschaftsbildes und der
Eigenart der Landschaft sind viele Heiden
seither als Landschaftsschutzgebiete (LSG
§ 22 LNatSchG), beispielsweise auf der
Reutlinger-Münsinger Alb geschützt. Viele
kleinflächige Heiden wurden als Flächen-
hafte Naturdenkmale (FND § 24 LNatSchG)
ausgewiesen. Den strengsten Schutz
bieten Naturschutzgebiete (NSG § 21
LNatSchG). Mit einer Schutzgebietsver-
ordnung werden zum Schutz der Lebens-
gemeinschaften die Spielregeln dafür festgelegt, was in solchen Gebieten noch
getan werden darf, was nicht. Seit dem
Reichsnaturschutzgesetz von 1936 gibt es
diese Schutzkategorie. Einige bedeutende
Wacholderheiden wurden bereits vor dem
Zweiten Weltkrieg unter Schutz gestellt,
so z.B. das zum Teil beweidete

Naturschutzgebietstafel

*Wacholderheide am
Haarberg, Landkreis
Göppingen*

Karge Heiden der Ostalb

Heidepflege mit dem Freischneider

Biotopschutzgesetz (§ 24a LNatSchG) unter gesetzlichen Schutz gestellt.
Im selben Jahr beschlossen die Staaten der Europäischen Union mit der Fauna-Flora-Habitat-Richtlinie (FFH-Richtlinie, Richtlinie des Rates vom 21. Mai 1992 zur Erhaltung der natürlichen Lebensräume sowie der wildlebenden Tiere und Pflanzen 92/43/EWG) den Aufbau eines Netzes natürlicher und naturnaher Lebensräume und deren Schutz in Europa. Mit dem europaweiten Schutzgebietsnetz NATURA 2000 sollen die für das Gebiet der EU repräsentativen Lebensräume und ihre Arten geschützt werden. Hierzu gehören auch die Heiden, Wacholderheiden, Trocken- und Halbtrockenrasen.
Über eine weitere Schutzkategorie - die aber mehr die Erholungsvorsorge und den Tourismus regelt - nämlich den Naturpark (NP § 23 LNatSchG) sind die Heiden des Naturparks "Obere Donau" geschützt. Diskutiert wird derzeit ein Naturpark "Schwäbische Alb".

Doch nach wie vor sind unsere Heiden bedroht, insbesondere durch Freizeitnutzung, Erholungseinrichtungen, Nährstoffeintrag durch die Luft, Pflanzenschutzmittel, Existenz- und Absatzschwierigkeiten der Schäfer.

"Schwenninger Moos", der "Hohentwiel" bei Singen oder der "Greuthau" nahe Schloß Lichtenstein.
Heiden, die in jüngerer Zeit als Naturschutzgebiete ausgewiesen wurden, sind "Galgenberg" oder "Geißberg", die um Münsingen und Hohenstein Teile eines ganzen Schutzgebietssystems darstellen, die Gebiete um den "Ipf" bei Bopfingen, das "Kalte Feld" bei Schwäbisch Gmünd, der "Egenhäuser Kapf" bei Altensteig oder die "Triebhalde" bei Mühlhausen an der Donau.
Gewissermaßen mit einem Federstrich wurden in Baden-Württemberg sämtliche Heiden über 1000 m² mit Beginn des Jahres 1992 durch das sogenannte

Was nützt der Schutz, wenn nicht beweidet und gepflegt wird?
Naturschützer und Schäfer in erfolgversprechender Kooperation

Was nützt der Schutz, wenn es keinen Schäfer in der Nähe gibt, oder wenn ihm das Beweiden nicht mehr rentabel genug ist? Wenn die Heide über verschiedene, freilich zunächst blütenreiche und reizvolle Entwicklungsstadien sich zu einem dornigen und stachligen, undurchdringlichen Gestrüpp, letztlich zu einem dunklen Kiefern - Fichtenwald oder Laubwald hin entwickelt, wie vielfach auf der Alb zu sehen ist?

Neuer Schafstall im Naturschutzgebiet "Spielberg"

Die Antwort sollte einleuchtend sein: alle eingangs beschriebenen, wärme- und lichtliebende Pflanzen- und Tierarten, vielfach sehr selten und hochgradig gefährdet, verschwinden im Laufe der Jahre und machen wenigen schattenliebenden Arten

und zahlreichen Gehölzen Platz. Das heißt: die charakteristische Silberdistel oder der Deutsche Enzian können in brachgefallenen Heiden nicht überleben, Heidelerche und Heidegrashüpfer müssen auswandern.

Natürlich verändert sich auch das Landschaftsbild. Die offene, licht- und luftdurchflutete, freie Bilderbuchlandschaft mit ihren säulenförmigen, einen mediterranen Hauch verleihenden Wacholdern, im Wechsel mit Wald, Wiesen und Feldern, wird monotoner. Ausblicke und Sichtbezüge verschwinden. Dies können wir in vielen Tälern auf der Schwäbischen Alb, in den Gäulandschaften und im Schwarzwald bereits feststellen, in deren steile Hanglagen seit Jahrzehnten kein Schaf und kein Freischneidegerät gedrungen ist.

Heidenpflege mit dem MB-Trac der BNL Stuttgart

Schafe, Schäfer und Pflegetrupp vereint beisammen

Heidepfleger beim Einsatz

Welche großartige Kulturlandschaft durch Aufgabe der Schäferei verloren gegangen ist, stellt sich dann erst bei einem Vergleich alter Photos mit der heutigen Landschaft vom selben Standort aus fest. Für viele dieser Brachen kam jede Hilfe zu spät. Der personelle und finanzielle Einsatz mechanischer Landschaftspflege wäre zu groß und zu teuer, die mechanische Pflege wäre eine Daueraufgabe - die Heide ein "Pflegefall". Doch auch diese harte Arbeit wird gezielt zum Schutz bestimmter Arten, beispielsweise für Enziane oder Berghexe, von zahlreichen Naturschutzverbänden, Pflegetrupps der Naturschutz- und Forstverwaltung, auch von einigen Gemeinden, durchgeführt. Vor allem in den 1970er Jahren setzte der Naturschutz vermehrt auf die mechanische Pflege - doch wir wissen nun, dass damit die Landschaft mit hohem Aufwand und viel Geld zwar offengehalten, aber der Effekt des "selektiven Schafsbisses" nie erreicht werden kann. Dies erkannte man sehr früh bei der Bezirksstelle für Naturschutz und Landschaftspflege (BNL) Stuttgart. Sie setzte auf die direkte Förderung des Schäfers. Das Motto lautete schon 1969 "Hilfe für den Schäfer ist Landschaftspflege!" So wurden mit Naturschutzmitteln Renovierung und Neubau von Schafställen und -höfen unterstützt oder der Bau von Schaftränken gefördert. Heiden wurden als sogenannte "Erstpflegemassnahmen" ausgelichtet und für die Beweidung wieder zugänglich gemacht. Die Naturschutzverwaltung setzte sich ein, durch Grunderwerb oder über Flurbereinigungsverfahren wieder neue Triebwege auszuweisen, die wiederum neue Weidegebiete erschlossen. Selbst eine neue Unterführung im Zuge eines Straßenneubaus, die dem Schäfer ein gefahrloses Queren mit seiner Herde ermöglicht, wurde geplant und realisiert. In den letzten Jahren erarbeiteten Naturschutz- und Landwirtschaftsverwaltung umfassende Pflegekonzeptionen, in die auch die Ziege als "Strauch- und Baumverwerter" eingebunden ist, so beispielsweise das "Kalkmagerrasenprojekt Münsingen", der "Heideverbund Laichinger Kuppenalb" (BNL Tübingen), Heideprojekte im Albbuch bei Steinheim, Beweidungskonzepte der Heidenlandschaft Calw - Wildberg (BNL Karlsruhe) und der Umgebung der alten Schäferlaufstadt Markgröningen oder die Wiesen der Steilhänge des Murgtales sowie am Hohentwiel (BNL Freiburg). Auch weitergehende staatliche Förderungen und Finanzierungshilfen durch die EU führen zu einer gewissen Erholung der Schäferei.

Wir sehen hieraus: Pflegekonzepte für den Erhalt von z. Zt. 60 000 ha Heiden in Baden-Württemberg müssen so angelegt sein, dass landwirtschaftliche Nutzung und Landschaftspflege weitgehend integriert sind. Eine ökonomisch begründete Nutzung produziert ökologische Werte mit. Was die Schäfer in den vergangenen Jahrhunderten unbewußt bewirkten, nämlich eine ökologisch wertvolle Kulturlandschaft, sollten sie heute gewissermaßen gezielt und auf längere Dauer herstellen, eingebunden in möglichst geschlossene Kreisläufe des Naturhaushalts, also eine nachhaltige Nutzung der Landschaft im Sinne der "Rio-Konvention" von 1992. Das ist auch naturschutzfachlicher Konsens der Naturschutzverwaltung, der Naturschutzverbände und der Wissenschaftler an Universitäten und Hochschulen.

Doch was nützt dieser Konsens, wenn das Scheren eines Schafes teurer ist als der Ertrag seiner Wolle? Wenn das Lammfleisch aus Neuseeland kostengünstiger ist als das heimische?

Neuer Schafstall bei Frankenhardt im Landkreis Schwäbisch Hall, gefördert mit Naturschutzmitteln

Man bedenke: der Transport eines Lammes aus Neuseeland verursacht 6 Zentner CO_2 Emissionen, also "Klimagift", durch den Verbrauch von 112 Liter Treibstoff! Daher muss alles erdenkliche unternommen werden, damit unsere Schäfer ihre Produkte - Fleisch, Milchprodukte und Wolle - auch erfolgreich vermarkten können.

Wolle und was man daraus machen kann - zu sehen auf dem Oberboihinger Schäfermarkt

Hierzu gehört auch eine wirkungsvolle Öffentlichkeitsarbeit aller Beteiligten. Eine Pioniertat war sicher die Wanderausstellung "Heiden - Felsen - Steinriegel" der BNL Stuttgart, die seit nunmehr 10 Jahren ständig dort unterwegs ist, wo Heiden vorkommen und die Schäferei von Bedeutung ist. Eine Begleitbroschüre vertieft die

Themen. In Broschüren werben die Naturschutzverbände und der Landesschafzuchtverband, in Faltblättern die Bezirksstellen für Naturschutz und Landschaftspflege. Die BNL Tübingen stellt in vorzüglicher Art und Weise die Beweidungskonzepte auf der Münsinger und Laichinger Alb vor. Eine Auswahl ist im Literaturverzeichnis aufgeführt. Originell ist der Lehrpfad "Erlebnisheide" an der Autobahnraststätte Aichen an der A 8. Empfohlen sei eine Rast dort und das Studium der Informationstafeln. Veranstaltungen und Feste, auf denen die Geschichte und Tradition der Schäferei sowie ihre Produkte gezeigt werden sind ganz bedeutend und versprechen Erfolg.
Selbstverständlich ist dies der Fall in den vier Schäferlaufstädten Württembergs. Beispielhaft ist auch der Oberboihinger Schäfermarkt, der 1996 zum ersten Mal in der Gemeinde im Kreis Esslingen stattfand und an die dort erloschene Tradition wieder anknüpft. Sämtliche Produkte aus der Schäferei, von der Schäferschippe bis zum Schafskäse, auch unter Berücksichtigung des landschaftlichen Bezugs in Verbindung mit dem Naturschutzzentrum Schopflocher Alb und dem Freilichtmuseum Beuren, werden hier gehandelt. Neben dem oben genannten Naturschutzzentrum fühlt sich auch das Naturschutzzentrum Obere Donau im ehemaligen Bahnhof Beuron dem Vermitteln dieser Zusammen-

hänge verpflichtet, ebenso die Freilicht-
museen Wackershofen bei Schwäbisch
Hall und Neuhausen ob Eck. Auch dieses
Buch soll ein Beitrag sein, die Heiden zu
retten, dem Schäfer zu helfen, den inhalt-
lichen Bogen "Vom Biotop zum Produkt"
zu spannen.

Schafe und Ziegen als kostengünstige Landschaftspfleger

Verlassen wir die Heiden - das ursprüngli-
che Weideland für Schafe und Ziegen -
und begeben uns in altes Kulturland, für
das sich heute kaum jemand interessiert:
steile verwachsene Hanglagen, die bis vor
dem Zweiten Weltkrieg noch als Weinberge genutzt wurden, alte Streuobst-
wiesen, deren Baumbestand überaltert ist
und deren Aufwuchs nicht mehr gemäht
wird, ehemalige Heuwiesen, seien es ehemalige einschürige Einmähder auf den
Höhen der Schwäbischen Alb oder Wiesen
in engen Tallagen des Schwarzwaldes
oder des Keuperberglandes, der Täler von
Jagst, Kocher und Tauber, oder allgemein
Brachen, beispielsweise auch in den indu-
striellen Ballungsgebieten des Rhein-
landes. Die Eigentümer solcher Grund-
stücke können der wirtschaftlichen Entwicklung in der modernen Landwirtschaft
nicht mehr standhalten, die Flächen werden nicht mehr genutzt, verbuschen, werden aufgeforstet oder anderweitig genutzt. Das gewohnte Landschaftsbild ver-

schwindet, ganz langsam, schleichend,
vielfach unbemerkt. Der Wandel wird nur
im Bildvergleich bewußt oder wenn
jemand sein vertrautes Wiesental nach
einigen Jahrzehnten aufsuchen will und
anstelle dessen einen dunklen Fichten-
forst oder Wald antrifft. Übrigens kennen
wir dieselbe Problematik aus den aus-

Schafstall bei Schopfloch

gedehnten Heidengebieten im norddeut-
schen Raum und in den Alpenländern. In
Norddeutschland werden auch seit Jahrzehnten Heidschnucken eingesetzt, die
sich dort entwickelt und gut angepasst
haben. Besonders in den Naturparks, beispielsweise Lüneburger Heide, wird ihre
Zucht gefördert. In diesem Rahmen muss
auch die Landschaftspflege durch Schafe
an den Deichen Norddeutschlands erwähnt werden. Für den Erhalt einer solchen althergebrachten, landschaftlich
sehr abwechslungsreichen und vielgestal-
tigen, einer auch ökologisch wie für den

Erholungswert bedeutenden Landschaft, arbeitet der Naturschutz wie Sisyphus oder wie Don Quichotte mit Sancho Pansa im Kampf gegen die Windmühlenflügel! Bis zu 7000.- DM je ha sind für den Erhalt solcher Flächen durch mechanische und arbeitsintensive, an den Verbrauch fossiler Energien gebundene Landschaftspflege zu erbringen. Dabei muss das Mähgut bzw. das entfernte Strauchwerk noch in irgendeiner Weise beseitigt, sei es verbrannt oder zur Kompostierungsanlage transportiert werden. Insofern ist es nur allzuverständlich, wenn für solche Flächen eine nutzungsentkoppelte Pflege kritisiert und eine wesentlich kostengünstigere Beweidung mit Schafen und Ziegen oder anderen Weidetieren gefordert wird. Diesen Weg wird der Naturschutz zusammen mit der Landwirtschaft, der Schäferei und den Verbänden zukünftig vermehrt einschlagen müssen. Die Beweidung solcher Flächen in Verbindung mit dem Konsum der entstandenen Produkte ist ein Beitrag ökologisch wirkungsvollen und ökonomisch sinnvollen Wirtschaftens unter Wahrung von geschlossenen Naturkreisläufen, was international unter dem Begriff "sustainable development" bezeichnet wird. Auf Dauer sind nur solche Pflegeprojekte in Politik und Öffentlichkeit von Erfolg. Das soll ein Ziel dieses Buches sein.

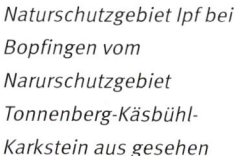

Naturschutzgebiet Ipf bei Bopfingen vom Narurschutzgebiet Tonnenberg-Käsbühl-Karkstein aus gesehen

Literatur:

Biotope in Baden-Württemberg (3) Wacholderheiden, H.P.DÖLER & C.HAAG, 1-25, Karlsruhe 1995

Biotope in Baden-Württemberg (4) Magerrasen, H.P.DÖLER & C.HAAG, 1-32, Karlsruhe 1995

Naturschutz im Kleinen - Schriftenreihe der Stiftung LB-BW Heft 8, Heiden-Felsen-Steinriegel 1999

BEINLICH,B. & H.PLACHTER (Hrsg.): Schutz und Entwicklung der Kalkmagerrasen der Schwäbischen Alb, Beih.Veröff.Naturschutz Landschaftspflege Bad.-Württ. 83, 1-520, Karlsruhe 1995

WOLF,R. & P.ZIMMERMANN (Hrsg.): Wacholderheiden am Ostrande des Schwarzwaldes, Landkreis Calw, Beih.Veröff.Naturschutz Landschaftspflege Bad.-Württ. 88, 1-616, Karlsruhe 1996

MATTERN,H.,R.WOLF & J.MAUK: Die Bedeutung von Wacholderheiden im Regierungsbezirk Stuttgart sowie Möglichkeiten zu ihrer Erhaltung. Veröff.Naturschutz Landschaftspflege Bad.-Württ. 49/50 (1979) 9-29, Karlsruhe 1979

MATTERN,H.,R.WOLF & J.MAUK: Heiden im Regierungsbezirk Stuttgart - Zwischenbilanz im Jahre 1980 - Veröff.Naturschutz Landschaftspflege Bad.-Württ. 51/52 (1980) 153-165, Karlsruhe 1980

MATTERN,H.: Hilfe für den Schäfer ist Landschaftspflege! Veröff. Landesstelle Naturschutz Landschaftspflege Bad.-Württ. 37,272-281, Ludwigsburg 1969

FISCHER,G. & H.MATTERN: Schafe in der Landschaftspflege auf der Schwäbischen Alb und deren Bedeutung für die Wacholderheiden. Deutsche Schafzucht 18, 378-382, 1987

LINK,F.W. & W.: Heiden im Enzkreis. Wandel,Schutz und Pflege einer bedrohten Kulturlandschaft. Veröff.Naturschutz Landschaftspflege Bad.-Württ. 64/65, 17-79, Karlsruhe 1989

WOLF,R.: Heiden im Landkreis Ludwigsburg.- Beih.Veröff. Naturschutz Landschaftspflege Bad.-Württ. 35, Karlsruhe 1984

MATTERN,H.: Bemerkungen zu einigen Problemen der Landschaftspflege. Veröff.Naturschutz Landschaftspflege Bad.-Württ. 64/65 9-16, Karlsruhe 1989

Faltblätter zu Wacholderheiden und Hüteschäferei der Bezirksstelle für Naturschutz und Landschaftspflege Tübingen, Konrad-Adenauer-Str. 20, 72072 Tübingen

Dr. Jürgen Schedler
Curriculum Vitae

Dr. Jürgen Schedler, Jg. 1950, ist Diplom-Biologe und seit vielen Jahren ehrenamtlich wie beruflich im Naturschutz tätig. Von 1969 bis 1975 hat er an der Universität Tübingen Biologie mit Schwerpunkt Botanik, Geologie, Paläontologie und Genetik studiert. In dieser Zeit wurde dem gebürtigen Heilbronner das Albvorland und die Schwäbische Alb mit ihren Wachholderheiden zur "zweiten Heimat". Hier lernte er Flora und Fauna dieser großartigen Landschaft kennen.
Von 1975 bis 1980 promovierte er an der Universität Stuttgart-Hohenheim über ein Thema zur Vegetationsentwicklung während der Zwischeneiszeiten im Südwestdeutschen Raum.
Seit 1979 ist er in der Naturschutzverwaltung des Landes Baden-Württemberg beschäftig: zuerst bei er Bezirksstelle für Naturschutz und Landschaftspflege in Tübingen als zuständiger Gebietsreferent für die Landkreise Tübingen und Reutlingen, von 1987 bis 1993 als Referent bei der obersten Naturschutzbehörde am damaligen Umweltministerium in Stuttgart, seit 1993 als stellvertretender Dienststellenleiter der Bezirksstelle für Naturschutz und Landschaftspflege in Stuttgart. Hier nimmt er insbesondere Aufgaben das Artenschutzes und der Öffentlichkeitsarbeit wahr. Es ist ihm ein wichtiges Anliegen, zusammen mit dem Naturschutz die Schäferei zu unterstützen, denn nur mit ihr sind die für unser Land charakteristischen, aber auch europaweit bedeutenden, kulturgeschichtlich, landschaftlich und ökologisch wertvollen Heiden zu erhalten.

Dr. Jürgen Schedler
Bezirksstelle für Naturschutz und
Landschaftspflege Stuttgart,
Ruppmannstr. 21
70565 Stuttgart